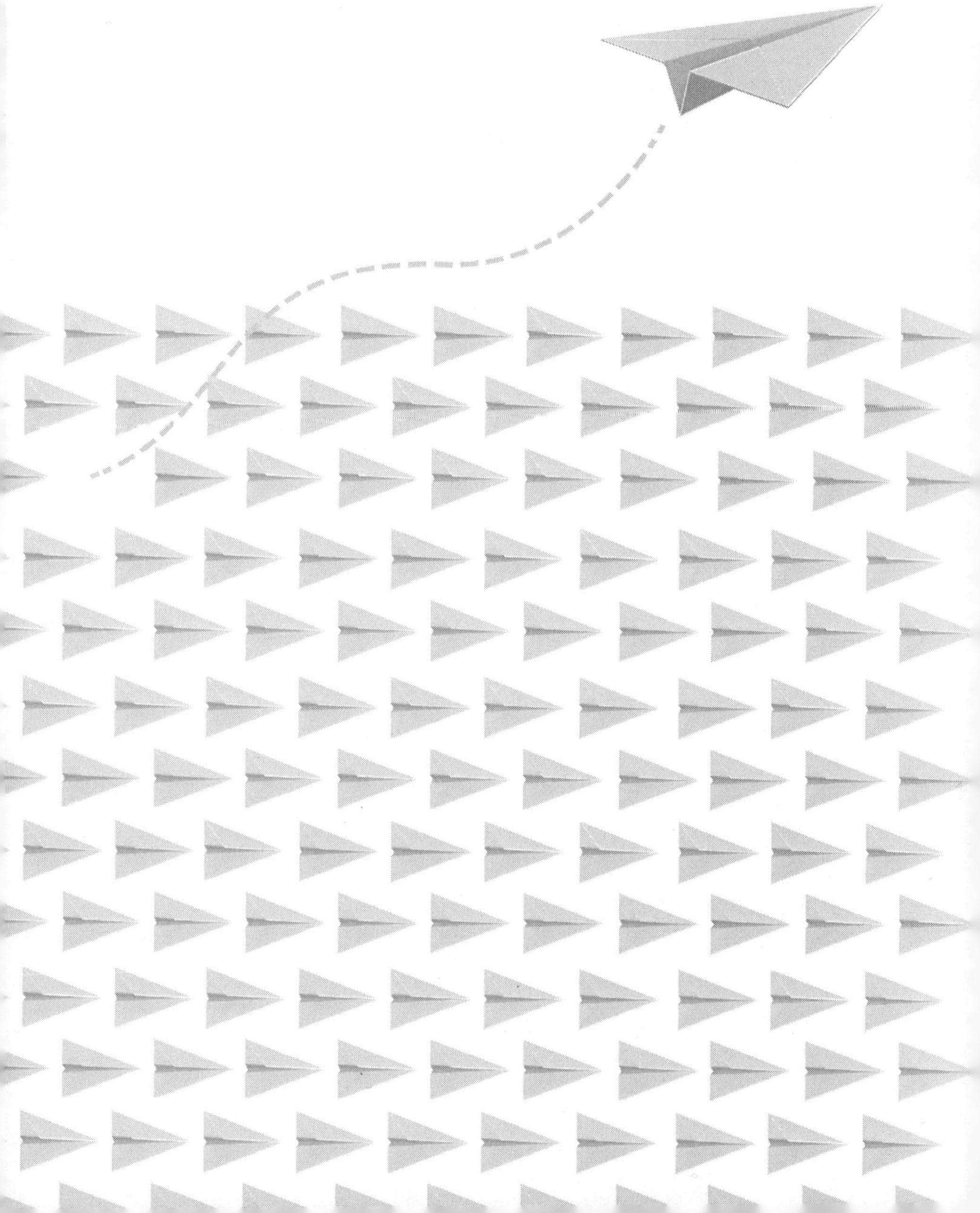

# APRENDE A VENDERTE
## EL PRODUCTO ERES TÚ

Borja Lanáquera

# APRENDE A VENDERTE
# EL PRODUCTO ERES TÚ

Borja Lanáquera

EditorialBrief • 2025

APRENDE A VENDERTE: EL PRODUCTO ERES TÚ
© Del texto: Borja Lanáquera
© De esta edición: Editorial Brief, 2025
 info@editorialbrief.com
 www.editorialbrief.com
 Grupo Editorial Sargantana

Primera edición: abril, 2025

Impreso en España

PEFC

Los papeles que usamos son ecológicos, libres
de cloro y proceden de bosques gestionados
de manera eficiente.

ISBN: 978-84-18641-55-8
Depósito legal: V-1303-2025

A Carol, por abrirme las puertas a estas experiencias tan maravillosas que estamos recorriendo juntos.

# Índice

# Prólogo

*Por Mónica Mendoza*

Conocí a Borja Lanáquera en su etapa como vendedor en la multinacional alemana Pilz, empresa a la que fui a impartir una formación In-Company hace por lo menos diez años. Durante ese tiempo observé que Borja destacaba por su habilidad para conectar con las personas y por su orientación a resultados. Además, su capacidad innata para la comunicación y las relaciones interpersonales hacen de él una persona sociable y confiable, algo imprescindible en el mundo comercial, pues la capacidad de generar relaciones y de crear confianza es clave. Sin confianza, no hay venta, recuerden, queridos lectores.

A lo largo de su carrera, Borja ha demostrado que el éxito en las ventas no solo se basa en conocer el producto, sino en entender que el verdadero producto es uno mismo. Su enfoque se centra en la autenticidad, la empatía y la adaptabilidad, principios que ahora comparte generosamente en su libro *Aprende a venderte: el producto eres tú*. Este libro es una guía esencial para quienes buscan potenciar sus habilidades comerciales y personales, en él se ofrecen estrategias y reflexiones basadas en la experiencia real de Borja. Su trayectoria es un testimonio de cómo la autoconciencia y el desarrollo personal son fundamentales para alcanzar el éxito en cualquier ámbito.

Hay libros sobre ventas que te enseñan técnicas. Hay otros que te hablan de persuasión, de cómo cerrar un trato o de estrategias para destacar en un mercado saturado. Pero hay pocos libros que cambien la forma en que entiendes la venta, que transformen tu manera de relacionarte con los clientes y que te hagan descubrir que el verdadero diferencial no está en el producto, sino en ti mismo.

Este libro, *Aprende a venderte: el producto eres tú*, es uno de esos pocos.

Borja Lanáquera no solo ha vendido, ha vivido las ventas desde dentro. Su trayectoria de más de dos décadas en el mundo comercial dirigiendo equipos, negociando con grandes clientes y formando a vendedores le ha permitido entender algo que muchos pasan por alto: hoy en día, los clientes no eligen productos ni precios, eligen personas. La confianza, la conexión emocional y la percepción de autoridad son los verdaderos motores de la decisión de compra.

A través de estas páginas, Borja nos lleva por un recorrido en el que desmitifica la venta tradicional y nos muestra que ser un buen vendedor no es cuestión de carisma innato ni de manipulación, sino de aprender a comunicar, a conectar con las emociones y a convertirnos en la persona que el cliente elige sin necesidad de competir en precio.

Este no es un libro más sobre ventas. Es un manual para que descubras tu propio valor como vendedor, trabajes tu mentalidad y proyectes la autoridad que te hará destacar en cualquier negociación. Aquí no solo aprenderás técnicas, sino que te transformarás en un comercial que no vende productos, sino soluciones, confianza y resultados.

Si buscas un cambio en tu forma de vender, si quieres dejar de ser un simple intermediario y convertirte en un auténtico compañero de viaje para tus clientes, estás en el lugar correcto. No importa si estás empezando o si llevas años en el sector: este libro te hará replantearte muchas creencias y, sobre todo, te enseñará a venderte mejor que nunca. Así que, abre estas páginas con la mente abierta y prepárate para cambiar tu visión sobre las ventas. Porque sí, el producto eres tú.

## BIENVENIDO A UNA NUEVA FORMA DE VENDER

Si crees que vender trata solo de productos, precios y descuentos, este libro va a cambiar tu perspectiva para siempre.

La venta ha evolucionado. En un mundo donde la tecnología ha democratizado el acceso a la información, los clientes ya no dependen de los vendedores para conocer las características de un producto o comparar opciones. La decisión de compra, hoy más que nunca, se basa en la confianza, en la conexión y en la seguridad que transmite la persona que está al otro lado de la mesa. Es decir, en ti.

Este no es un libro teórico ni un compendio de fórmulas mágicas para vender más. Es una guía para transformar la manera en que entiendes y practicas la venta. Aquí, el producto eres tú.

## UN LIBRO ESCRITO POR ALGUIEN QUE HA VIVIDO LAS VENTAS DESDE DENTRO

Borja Lanáquera no es un teórico de las ventas. No habla desde la comodidad de un despacho ni desde la distancia de un académico. Habla desde la trinchera, desde la experiencia real de más de veinte años en el mundo comercial liderando equipos, negociando con grandes clientes y formando a vendedores de todo tipo. Ha trabajado en sectores de productos y servicios, en entornos B2B y B2C, y ha aprendido que lo que realmente marca la diferencia no es lo que vendes, sino cómo te vendes tú mismo.

Hoy, como formador en habilidades comerciales y mentor de estrategia de negocio, ayuda a empresas, emprendedores y equipos comerciales a potenciar su capacidad de persuasión, a diferenciarse en mercados saturados y a construir relaciones con clientes que van más allá de una simple transacción. Y todo eso lo plasma en este libro con un enfoque práctico, directo y aplicable desde el primer día.

## ¿POR QUÉ ESTE LIBRO ES DIFERENTE?

Las ventas han cambiado. Hace años, un vendedor tenía el poder de la información: si querías conocer las ventajas de un producto, necesitabas hablar con un comercial. Hoy, los clientes llegan a la reunión sabiendo tanto como tú (o más) sobre tu propio producto. Entonces, ¿por qué van a elegirte?

Este libro responde a esa pregunta con una idea clave: los clientes ya no buscan vendedores, buscan compañeros de viaje. No compran el mejor producto, sino el que les hace sentir más seguros con su decisión. No buscan el precio más bajo, sino un proveedor que los haga crecer. Y en ese proceso, el factor diferencial eres tú.

A través de estas páginas, Borja te enseñará:

- Cómo pasar de ser un simple vendedor a convertirte en un asesor de confianza.
- Cómo conectar emocionalmente con cada tipo de cliente para que te elijan sin dudar.
- Cómo estructurar una reunión de ventas efectiva, desde el primer contacto hasta el cierre.
- Cómo entender la psicología del comprador y usarla a tu favor.
- Cómo negociar sin necesidad de bajar precios ni competir en descuentos.
- Cómo aplicar técnicas de neuroventas para influir en la toma de decisiones de tus clientes.

## MÁS QUE UN LIBRO DE VENTAS: UNA TRANSFORMACIÓN PERSONAL

Este libro no solo te enseñará a vender más, te enseñará a venderte mejor, a proyectar autoridad, a generar confianza, a que los clientes te perciban como un profesional indispensable, no como alguien que solo busca cerrar una operación.

Si eres vendedor, emprendedor, consultor o simplemente alguien que quiere aprender a influir y persuadir mejor, este libro te cambiará la forma de ver las ventas. Porque al final, el mejor producto que puedes ofrecer eres tú mismo.

Bienvenido a una nueva era en las ventas. Bienvenido a la era en la que el producto eres tú. Invito a los lectores a sumergirse en estas páginas y a descubrir las valiosas lecciones que Borja Lanáquera tiene para ofrecer. Su perspectiva única seguramente inspirará y motivará a todos aquellos que deseen mejorar su capacidad de venderse a sí mismos en un mundo cada vez más competitivo.

INTRODUCCIÓN

# ¿El vendedor nace o se hace?

¿Qué es lo primero que te ha venido a la mente cuando has leído esta pregunta? ¿Y qué imagen ves cuando oyes la palabra *vendedor*?

Quizás pienses en alguien persuasivo, en un orador nato que siempre sabe cómo cerrar un trato. Pero déjame preguntarte algo: ¿te consideras tú mismo un vendedor? Te sorprendería saber que la mayoría de nosotros, lo reconozcamos o no, pasamos gran parte de nuestras vidas «vendiendo». Y no me refiero solo a productos o servicios, sino a nuestras ideas, proyectos, y hasta nuestras creencias.

Desde el momento en que te levantas hasta que te acuestas, estás vendiendo. Convences a tus hijos de que se coman las verduras, persuades a tu pareja de que la película que has elegido es la mejor opción para esa noche, negocias con tu jefe un aumento o un día libre... Y, aunque muchos renieguen del mundo de las ventas creyendo que no es para ellos, la realidad es que todos, de un modo u otro, vendemos.

Ahora bien, vender en un entorno profesional es otra historia. Formar parte de un equipo comercial, abrir nuevos mercados y enfrentarse cada año al contador de ventas que vuelve a cero no es un trabajo fácil. Pero lo que quiero que comprendas a lo largo de este libro es que vender va más allá del producto o el precio. El verdadero diferencial eres tú. En un mundo donde los productos y servicios son prácticamente idénticos y el precio ya no es un factor determinante, tu éxito como vendedor dependerá de tu habilidad para conectar con las personas, generar confianza y convertirte en un auténtico «compañero de viaje» para tus clientes.

Este libro no es un manual teórico ni una guía repleta de tecnicismos. Es un mapa para que descubras el potencial que ya tienes dentro, para que aprendas a vender a través de ti mismo, utilizando tus habilidades personales como tu mayor activo. Mi objetivo es que, al terminar estas páginas, no solo mejores tus ventas, sino que también descubras cómo ser un profesional más completo, capaz de influir, persuadir y dejar una marca duradera. Incluso me atrevo a decirte que tras leer este libro no solo venderás, sino que te lo pasarás bien haciéndolo.

Así que te invito a que lo leas con mente abierta, listo para aprender, desaprender y redescubrir lo que realmente significa vender. Porque, en el fondo, el producto eres tú.

Enhorabuena por adquirir este libro, estás a punto de descubrir el verdadero poder de venderte a ti mismo.

**Borja Lanáquera**
Formador en habilidades comerciales y
mentor en estrategia comercial

# PARTE I. POTENCIA EL VENDEDOR QUE HAY EN TI

# CAPÍTULO I

# De vendedor de productos a compañero de viaje

*Ni el producto ni sus precios suelen ser la causa de los fracasos de un vendedor.*

No es lo mismo venderle a una persona incisiva, directa y resolutiva que a una persona analítica y minuciosa. No es lo mismo venderle a una persona impulsiva, experiencial y creativa que a una persona reflexiva, organizada y pausada. Y, finalmente, no es lo mismo venderle a un empresario, a un emprendedor o a un mando intermedio. Partiendo de la base de que los productos de un vendedor son los mismos para todos, el éxito reside en su habilidad para saber explicarlos de una forma u otra según quien tenga delante.

El refranero español sigue siendo una máquina bien engrasada de conocimientos aplicables a nuestro día a día, aunque hay una histórica sentencia con la que ya no estoy de acuerdo y es aquella de «El cliente siempre tiene la razón». Os parecerá extraño justo ahora que además vivimos en la era de la tecnología de la información. Yo creo que el cliente no siempre tiene la razón, pero sí opino que, actualmente, el cliente es la estrella absoluta de esto que llamamos la «reunión de ventas». Concertar una reunión se ha vuelto tremendamente difícil debido a sus apretadas agendas y a la saturación de comerciales intentado contactarles. Si un cliente o potencial comprador nos concede media hora de su tiempo y nos convoca en su oficina, no tengamos duda que está haciendo un esfuerzo para con nosotros. Así que no te equivoques y aprovecha tu momento. Da igual si el cliente siempre tiene razón o no. Céntrate en conectar con él y hacerle sentir bien. No olvides que te está dando parte de su tiempo y te ha invitado a su empresa, su hogar profesional, así que esfuérzate en averiguar qué tipo de persona es y en enamorarle. Eres tú el que tienes que hacer todo lo posible por gustar, y no al revés. No vas a vender ninguno de tus productos o servicios si primero no consigues que tu potencial cliente esté a gusto contigo durante el tiempo de reunión. Le debe gustar recibir tus visitas o llamadas con cierta frecuencia. El producto se usa; la persona enamora.

Esto mismo te lo voy a explicar con un ejemplo. En una de mis etapas profesionales como director comercial en una multinacional, comía con regularidad con los directores y las directoras del resto de las áreas. En una de esas comidas, la persona que se encargaba de las compras y el abastecimiento de material para los productos que fabricábamos nos contó que esa misma tarde tenía que atender a un vendedor y no tenía nada de ganas de verlo. Lógicamente, eso fue algo que llamó mi atención y quise saber más sobre ello no solo por mi pasión por las ventas y las personas, sino porque se trataba de un comercial que representaba a una prestigiosa marca a nivel mundial. Nos suministraba, además, un material fundamental para nosotros, y los productos funcionaban a la perfección. Pero mi compañero me confesó que, en cuanto surgiera un producto equivalente al precio adecuado, cambiaría de proveedor. No soportaba a ese vendedor, no le gustaba reunirse con él, no se encontraba a gusto en sus encuentros hasta el punto de intentar verlo las mínimas ocasiones posibles. Nunca conocí personalmente a ese proveedor, pero sí me atrevo a contarte en este párrafo que no tuvo la habilidad para conectar con su cliente y hacerle sentir a gusto. El producto que representaba cumplía con las necesidades de nuestra empresa, pero él nunca gustó a la persona que tomaba las decisiones y estaba más cerca del fracaso de lo que se podía imaginar. Y es que las empresas usan productos, pero contratan a proveedores y, no lo olvides: los proveedores son personas.

Hoy en día, cuando un potencial nuevo cliente acepta nuestra propuesta de reunión, no lo hace porque quiera comprobar si conocemos al dedillo todas las características y funcionalidades de nuestros productos. Esto no es un examen. Cuando pienso en cómo fueron mis primeros años como vendedor, me avergüenzo de mí mismo (desde el cariño) porque era un catálogo con patas, debido, en parte, a que solo tenía veintidós años y tenía mucho que aprender, pero también a que era la forma de vender de aquel momento. Yo aprendí de unos mentores que habían desarrollado su carrera profesional antes de la llegada de la tecnología de la información o, dicho de otro modo, de internet. Y, cuando daba mis primeros pasos profesionales en el año 2002, ya existía la red de redes, pero se puede decir que estaba medio vacía y las webs no eran la fuente de información que son hoy. Así que en mis primeros años como vendedor me dedicaba a pasar las páginas del porfolio de producto ante los clientes y recitar las características de los productos. Internet éramos nosotros, los vendedores. Por eso, concertar reuniones era tan fácil. Éramos los vendedores y las vendedoras los portadores del conocimiento, y las empresas nos tenían que atender si querían estar al tanto de las novedades y las tendencias del mercado.

Ahora ya no es así. Antes de que lleguemos a su empresa, esas personas con las que nos vamos a reunir ya han entrado en nuestra web y en las de nuestra competencia y han navegado en internet buscando opiniones y productos equivalentes. No olvides que el tiempo es oro y si el cliente ha accedido a conocernos es porque quiere chequear algo que va más allá del producto. Él ya sabe qué producto necesita.

Hace décadas, la misión del vendedor era la de detectar las necesidades del comprador y descubrírselas, hacerle ver por qué y para qué necesita nuestros productos. Hoy no hay que descubrirles nada. Nuestras webs están tan saturadas de información que no dejamos espacio para el lucimiento del vendedor durante la reunión. Nuestros potenciales nuevos clientes ya saben qué tipo de material o servicio necesitan y solo les falta comprobar si nosotros, como personas, proveedores y marca, vamos a ser su adecuado compañero de viaje.

Piensa que lo que tú ofreces también lo venden miles de personas a precios similares, así que no es tu producto lo que va a hacer que tengas éxito, sino tu habilidad como proveedor.

Nunca se me va a olvidar una reunión hace ya muchos años, en los inicios de la era de la tecnología de la información y la globalización, con el tercer mejor cliente de toda la empresa para la que trabaja como director comercial. Nos compraba desde hacía décadas muchas unidades de varias referencias de productos y la relación era excelente. Todo indicaba que iba a ser una reunión de cortesía cuando me informa de que han descubierto a través de internet una empresa danesa que fabrica lo mismo que nosotros a un precio muy inferior. Y que, o bajamos precio o cambian de proveedor, ya que el producto es idéntico.

Yo de primeras no me lo quise creer, me pareció la típica maniobra de presión. Pero sí, esa empresa existía. Muy pequeña, de carácter local y con pocos empleados. Pero internet la había puesto a disposición de todos.

Me quedé impactado y llevé rápidamente el caso a nuestra sede central. A pesar de ser los fabricantes del producto y disponer de recursos de I+D y de estudios de mercado, no conocían la existencia de este otro fabricante. Fue internet quien hizo que tuviéramos que bajar precios y comernos mucho margen de beneficio. Ese fue el día en el que me di cuenta de que los clientes ya sabían buscarse la vida ellos solitos. La información estaba a golpe de clic e importar se abarató tanto que dejó de ser un coste. Nuestros clientes se emanciparon y ganaron mucho más protagonismo en las negociaciones.

Para mí fue el día en el que dejé de vender productos a empresas para transformarme en un compañero de viaje de mis clientes. La mentalidad de hacer ventas y facturar euros cambió a la de ganar clientes y hacerlos crecer.

Hoy en día, las empresas necesitan estar en continuo movimiento si quieren sobrevivir y prosperar. Están constantemente viajando del punto A al punto B, ya que, de otro modo, la competencia o las nuevas tendencias del mercado los pueden hundir. Una empresa nunca puede hacer esos viajes sola, sino que necesita rodearse de esos proveedores adecuados que entiendan de dónde viene la empresa, hacia dónde se dirige y para qué. Los vendedores que aún siguen queriendo detectar las necesidades de los clientes se han quedado obsoletos.

El vendedor de éxito es el proveedor que sabe demostrarle a su cliente que entiende sus necesidades y que va a conseguir que su modelo de negocio crezca y prospere.

# CAPÍTULO II

# ¿Quieres vender o prefieres negociar?

*En una reunión de ventas, el 85 % del éxito depende de tu habilidad para conectar con tu cliente, persuadirle e influir en su toma de decisiones. El 15 % restante dependerá de tus habilidades de negociación.*

Si tienes este libro en tus manos es porque quieres mejorar y evolucionar como vendedor. Formarte en ventas es, por tanto, saber adaptarse a cada escenario y aprender a asesorar a tu cliente. Y no hace falta que nos compliquemos con el término *asesorar*. En mis formaciones suelo preguntarle a mi audiencia sobre el significado de esta palabra en las ventas. Y siempre surgen definiciones del tipo 'aconsejar', 'recomendar', 'entender las necesidades del cliente para guiarlo hacia la solución más adecuada', etc. Esas son respuestas técnicas, de manual de ventas. Y no sirven. Nos complicamos la vida y es mucho más sencillo que todo eso. Asesorar es que la persona que tienes delante te entienda, ni más ni menos. No pretendas que sea el cliente quien tenga que hacer el esfuerzo de entenderte a ti. Vender es estar pendiente en todo momento de cualquier cosa que ocurra en una conversación de forma que, si detectas que tu cliente está empleando energía y tiempo en entender aquello que le estás explicando, o cambias de actitud rápidamente o esa venta la estás perdiendo. Las personas compramos lo que entendemos.

A eso hay que sumarle el contexto en el que nos encontramos. La tecnología y el abaratamiento de la logística han hecho que nuestros clientes dispongan de muchísima oferta de calidad, y las empresas con potencial de compra son las mismas de siempre o incluso menos. Las diferentes crisis que hemos vivido en los últimos años han hecho que muchas deban cerrar y que otras se fusionen o sean adquiridas. Sí, hay una ola pujante de emprendedores y se ha creado un ecosistema de *startups*, pero los datos dicen que apenas aguantan tres años de vida. Eso no da para vender mucho.

Sé que la presión que tenemos los vendedores por diferenciarnos ante tantos competidores es muy elevada, pero cuidado con el vocabulario que empleamos en las conversaciones con nuestros clientes. Querer diferenciarnos de nuestros rivales empleando muchos tecnicismos o ejemplos de uso de nuestros productos sobredimensionados para las necesidades de la persona a la que le queremos vender puede producir el efecto contrario al de asesorar. En vez de acercarnos al éxito, nos aleja. Ante dos productos equivalentes con precios similares, no es la propuesta económica lo que desequilibra la balanza, sino la habilidad del vendedor para asesorar al que será el usuario de ese producto.

Así que, ¿dónde quieres centrar tu esfuerzo y atención? Aprende a conectar con tu interlocutor y serás vendedor o vendedora. Si con todo lo que sé ahora pudiera volver hacia atrás en el tiempo, le dedicaría mucho menos esfuerzo a conocerme al dedillo las funcionalidades de todos mis productos. Me habría centrado en aprender más rápidamente las habilidades necesarias para vender cualquier cosa, y es que un comercial que solo sabe vender un tipo de producto no es un vendedor, es un experto en la materia.

Cuidado con lo de la negociación porque muchos de los que estáis leyendo este libro sabéis cerrar pedidos con mucho éxito regateando, no negociando. Negociar bien no es fácil ni para vendedores ni para compradores. A muchos compradores tampoco les gusta negociar, es un melón que prefieren no abrir. Así que, si se sienten escuchados, les gustas y te ganas su confianza, ya habrán decidido comprarte incluso antes de que presentes tu precio. Demostrarles que eres confiable les da la excusa para no tener que negociar.

# CAPÍTULO III

# Todo se puede entrenar: la actitud también

*Estamos aquí para hacer crecer los negocios de nuestros clientes, no para que sean nuestros clientes los que nos hagan crecer a nosotros.*

Llevas ya unas cuantas páginas leídas de este libro y, si te has fijado, en ningún momento te he expresado mi agradecimiento por haberlo comprado. Sí, para ello has hecho una inversión económica y mientras lo tienes en las manos no estás haciendo otras cosas que seguro que también son importantes. Pero eso no lo estás haciendo por mí, lo estás haciendo por ti, así que no tengo nada que agradecerte.

Yo ya no digo «gracias» cada vez que me contratan. Alguno todavía se me escapa, pero me esfuerzo en no hacerlo. Los que me conocen saben que soy agradecido y tanto a clientes como a no clientes suelo expresarles mi gratitud como, por ejemplo:

- Gracias por tu tiempo.
- Gracias por atenderme.
- Gracias por enseñarme tus instalaciones.
- Gracias por tu respuesta.
- Gracias por tu confianza.
- Gracias por...

Pero, cuando me dicen que me contratan, ¿sabéis que les digo? «Genial, ¿abrimos agenda y ponemos fecha para la primera sesión formativa?».

Ojo, a veces, por emoción y educación, también digo «gracias». Pero lo digo con la boca pequeña y no estoy cinco minutos expresando mi gratitud. Porque no hay nada que agradecer. Me gustaría que tomaras conciencia de que si nos han contratado o hemos vendido aquello que comercializamos es por dos motivos:

- Nos lo hemos currado.
- El cliente ha detectado que vamos a ayudarle a hacer crecer su negocio.

Así que no seamos tan agradecidos porque los clientes no nos compran para hacernos un favor (aunque nos lo quieran hacer creer) y aún menos nos sintamos en deuda porque los clientes no nos contratan para hacernos crecer a nosotros. Los clientes nos contratan porque quieren sobrevivir y prosperar, y ven que nosotros vamos a ayudarles a conseguirlo.

Es por esto por lo que quiero compartir este aprendizaje, que, por desgracia, he tardado demasiado años en adquirir: el *mindset* o la actitud ante la venta que debe tener el vendedor, emprendedor o empresario cuando sale a vender.

Claro que estoy agradecido de que tengáis ahora mismo este libro entre vuestras manos. Pero no seamos ingenuos, no lo leéis por mí. Lo leéis porque queréis seguir aprendiendo materias que os hagan crecer como profesionales. Hay algo en vuestro día a día o en vuestro futuro cercano que os está impulsando a mejorar vuestras habilidades comerciales. Pero si este libro se ha escrito y publicado es debido a que me lo he currado y a que esta editorial ha visto que mi texto les va a generar un retorno positivo para su negocio, tampoco porque quieran hacerme un favor.

Que deis las gracias me parece muy bien. Yo también lo hago. Pero por una cuestión de educación y no de servilismo.

Dar continuamente las gracias a través de una mentalidad de «Gracias por contratarme y por haberme elegido a mí y no a otro, soy muy afortunado» es un error porque nos debilita. Un buen vendedor es aquel que aplica correctamente las diferentes técnicas de venta, pero una persona de éxito es aquella que tiene la actitud correcta. Así que, menos dar las gracias y más seguridad en nosotros mismos. Los clientes no nos compran por nuestra educación, sino por lo que aportamos.

De esta mentalidad o actitud ante la venta no suelo hablar cuando hago formaciones de venta a equipos comerciales que pertenecen a empresas grandes o quizás muy reconocidas y con una larga trayectoria. En estos casos los vendedores venden por una combinación de:

- Habilidades comerciales.
- Dominio del producto.
- Reputación de marca.

Y, si en el momento en el que estás leyendo este libro trabajas como vendedor en una empresa de este perfil, a lo mejor no te gusta lo que vas a leer a continuación: muchos de los pedidos no los cierras tú, no eres tan imprescindible. De entre todos tus éxitos comerciales, los hay que se deben a tus habilidades como vendedor y tu esfuerzo. Otros pedidos los consigues porque has decidido reventar los precios para llevarte la operación. Y, finalmente, en un porcentaje más elevado de lo que crees, debes tu éxito a la reputación de la marca a la que representas y no a tu persona. Ya sea de forma inconsciente o a través de una estrategia definida, una empresa proyecta una serie de atributos sobre sus productos o modelo de negocio (experiencia, especialización, precio, flexibilidad, diferenciación, liderazgo, etc.) que son como imanes para ciertos potenciales compradores. Así que, dicho de otro modo: el trabajo realizado por la marca te pone en bandeja pedidos que haces tuyos. Y sí, existe una injusta dualidad: cuando las cosas están saliendo bien es el vendedor el que consigue pedidos y cuando se tuercen es la empresa la que está perdiendo los clientes.

A mí esto no me lo explicó nadie, me lo encontré por el camino. Después de trabajar veinte años en diferentes empresas de marcas prestigiosas en sus sectores, inicié mi andadura con mi propia marca para meses después darme cuenta de que lo que realmente tenía era un logo. Empecé desde cero, así que ni clientes ni casos de éxito ni recorrido demostrable. No disponía de ningún atributo de marca que atrajera a clientes. En esa situación solo te queda una opción: saber vender.

Siempre digo que he aprendido más de ventas, personas y negocio en cinco años trabajando por cuenta propia que en veinte trabajando por cuenta ajena. Es cuando representas a una empresa de reciente creación o a una marca todavía desconocida cuando de verdad te gradúas como vendedor. Ahí no tienes la ayuda de la marca y eres tú con tus habilidades comerciales el que tienes que proyectar la autoridad y la confianza necesaria para conseguir cada pedido y cerrar cualquier acuerdo. Esto es un «Yo me lo guiso, yo me lo como» en toda regla. No tienes forma posible de esconder tus fracasos, pero tampoco tienes que agradecerle a nadie tus logros, eres el protagonista total de tu éxito.

Pero en formaciones dirigidas a empresas más pequeñas, jóvenes o desconocidas, o si los asistentes son empresarios o emprendedores, cada vez le quito más tiempo formativo a la parte de técnicas de venta para dedicárselo a la importancia de proyectar en nuestras reuniones la actitud adecuada. En estos casos, los vendedores apenas pueden contar con la reputación de marca como herramienta para cerrar pedidos en reuniones de venta, por lo que necesitan de:

- Habilidades comerciales.
- Dominio del producto.

- Actitud de venta.

Y es que un comprador no espera lo mismo de un vendedor de una multinacional que de un proveedor más pequeño, cercano o local: necesita ver una actitud, una mirada, una seguridad y una confianza distinta.

Para un comprador, un vendedor de una empresa grande es un escalón más dentro del proceso de compra. Sabe que debe llegar a un acuerdo con esa persona para poder usar los productos que comercializa la empresa a la que representa. El comprador habla y negocia con el vendedor y pone su atención en sacar el mejor precio posible del mejor producto que tenga. Y es que el comprador sabe que hoy está reunido con un vendedor A, pero, seguramente, dentro de unos meses se habrá ido o lo habrán despedido, por lo que tendrá que empezar de nuevo con el vendedor B. Este es el talón de Aquiles comercial de las grandes empresas que solo puede ser aprovechado por las pequeñas si trabajan con la actitud adecuada. Para ese mismo comprador, un vendedor o empresario de una empresa más pequeña o desconocida debe ser algo más. Tiene que demostrar ser un compañero de viaje, pero, sin la mentalidad y la actitud de ventas adecuada, no os van a elegir.

# CAPÍTULO IV

# El precio no es el motivo: es la excusa

*Los clientes eligen a los grandes o apuestan por los pequeños. ¿Eres de los pequeños? Dales motivos para que apuesten por ti. Eso es vender.*

¿Sabéis por qué muchas veces un comprador elige a una gran empresa aunque sea más cara, más rígida y tenga unos plazos de entrega más largos que una más pequeña?

- Porque, si algo sale mal, pero ha elegido una empresa grande, la culpa es del proveedor.
- Porque, si algo sale mal y ha elegido una empresa pequeña, un equipo joven o un proyecto que lleva poco tiempo, la culpa es de él por haber querido hacer algo diferente.

Dejad de darle tantas vueltas a los precios y a que si somos caros o baratos. Esto no funciona así; los árboles no nos dejan ver el bosque. Los vendedores tan solo pensamos en nuestro producto, su precio y el beneficio para el cliente. Y para eso cometemos el error de compararnos continuamente con la competencia cuando lo que debemos hacer es esforzarnos en entender cómo funciona el cerebro y la toma de decisiones de nuestros clientes. Erróneamente decidimos si nuestro producto es caro o barato comparándonos con las otras opciones existentes en el mercado. Esa es la mentalidad del vendedor de producto y no la del proveedor compañero de viaje.

Ya sea una persona o una empresa, nuestros potenciales compradores tienen diariamente muchos frentes abiertos y muchas decisiones que tomar que no tienen nada que ver contigo ni con tus productos. Te aseguro que en lo último en lo que piensan es en tus precios. Siento decirte que no eres tan importante.

Para aterrizarlo, te voy a poner un ejemplo personal. Recientemente decidí promocionar mi persona para ganar en visibilidad, reputación de marca y ser más elegible por potenciales nuevos clientes que no me están comprando en la actualidad. Para ello, le pedí un presupuesto a una agencia de *marketing* para hacer la grabación de un paquete de vídeos y difundirlos en las redes sociales. Supongamos que me pasara un presupuesto de cinco mil euros. Qué opináis, ¿es caro o barato? Da igual. Para mí es un esfuerzo económico. Una vez yo sé que es una buena agencia de *marketing* y que invertir en ellos me va a hacer crecer a mí, me da igual que sean cuatro que seis mil euros. Una vez detecto que ellos tienen la llave de la puerta que va a hacerme ganar más dinero, no valoro que sean un poco más caros que otras opciones. Saben lo que hacen y están en precio de mercado. El problema no es el precio. No rechazo o acepto un producto o servicio por el precio. Lo acepto o lo rechazo según el rendimiento que me vaya a generar el esfuerzo que voy a tener que hacer.

Las empresas tienen dinero, nuestros clientes tienen dinero. Pero, cada vez que deciden apostar por nosotros o nuestra competencia, están haciendo un esfuerzo económico debido a que cada año solo disponen de un determinado presupuesto, por lo que necesitan realizar muchas acciones que les permitan sobrevivir y prosperar con un dinero limitado. De ahí que deban acertar muy bien año tras año en dos cuestiones:

1. **Decidir qué acciones tomar** para hacer crecer su negocio.
2. De entre todos los proveedores capaces de ayudarle a tener éxito, **elegir al más adecuado.**

Por desgracia, vivimos en un entorno de extrema educación o miedo a la sinceridad que dificulta la mayoría de los procesos de venta. Muchas de las veces que nos dicen que nos han descartado por precio es mentira. Nos han descartado porque no les hemos hecho ver que a través de nuestro producto, servicio o asesoramiento ellos van a crecer e ir a más. Una vez un cliente o empresa decide invertir parte de su presupuesto en productos como el tuyo, será el precio lo que menos influya en su decisión. He sido miembro de comité de dirección y he tomado decisiones de negocio y te puedo asegurar que, una vez se ha aprobado la inversión, ya nos hemos gastado el dinero, psicológicamente hablando, incluso antes de que nos hayas entregado tu presupuesto. Así que, si como vendedor nos has hecho entender que tus productos nos van a ayudar y que tú vas a ser el compañero de viaje ideal para nuestro crecimiento como empresa, no creo que nos importe que seas hasta un 30 % más caro. Por otro lado, también te cuento que alguna vez hemos cancelado una acción estratégica por no encontrar al proveedor adecuado que supiera ayudarnos, no por el presupuesto económico. Así que no te agobies tanto por los precios y céntrate en saber explicar los beneficios de tu producto, tu marca y tu profesionalidad como proveedor.

Siguiendo con mi ejemplo personal, una vez decido invertir en *marketing*, elijo a la empresa Publicity (nombre ficticio) y os voy a explicar por qué. Me reuní con Rafa, su CEO, le expliqué lo que necesitaba y que quería empezar con una campaña de *marketing* de contenido basada en texto. Noté que me escuchó con atención y me dijo con mucha autoridad que, con lo bien que comunico en persona, no debía invertir mi dinero en textos, que lo que teníamos que hacer eran vídeos, cápsulas de cincuenta segundos como máximo.

Ya está, en ese momento lo elegí. La conversación se alargó un rato más y recibí el presupuesto unos días después.

Pero, nada más terminar esa reunión, yo ya sabía que haría los vídeos con él. Iba a pedir dos presupuestos más, pero no lo hice. Y es que las personas tomamos la misma decisión de compras dos veces: primero en nuestra imaginación y luego en el momento de la compra real.

Sabía que varios meses de contenido de texto me iban a costar unos mil euros. No tenía ni idea de lo que me iban a costar los vídeos, aunque está claro que mucho más. Eso ya no importaba en ese momento porque me había dado cuenta de que Rafa iba a ser mi compañero de viaje, ya que sabía mis fortalezas y comprendía qué quería conseguir yo. A mí me da igual que sean textos o sean vídeos siempre que me hagan crecer, llegar a más clientes y subir mi precio/hora. No me va a hacer crecer el producto que use, sino la habilidad del proveedor para hacerme crecer. Y sí, en mi mente los elegí antes de ver su presupuesto, de modo que lo hubiera firmado aunque hubiera sido un 30 % superior a lo ofertado.

Quédate, por favor, con el concepto de que, una vez comprendo que me vas a hacer crecer, tu precio no es un problema. Si todos tus clientes solo buscan precio en ti será que eres un proveedor de productos y no un compañero de viaje. Casi prefiero que no seas un experto, pero que sienta que me entiendes. No quiero contratar a alguien al que no le importo. Vamos todos fatal de presupuesto y hay mucha oferta en el mercado. Hubiera seguido buscando hasta que encontrara a quien me entendiera.

Ahora bien, si una vez firmado el contrato con ellos, Rafa se hubiera puesto en modo gratitud infinita tipo:

- Muchísimas gracias, qué ilusión, esta noche no voy a poder dormir pensado en tu proyecto.
- Me acabas de alegrar el día.
- No te preocupes, que no te vamos a defraudar, va a salir todo genial.

Me hubiera dado el bajón y estaría preocupado con mi elección. Yo no invierto cinco mil euros para alegrarle el día a una empresa y hacerle crecer. Lo hago justo para lo contrario. Hay veces que se nos va de las manos el agradecimiento hasta el punto de generarle dudas al comprador.

No lo olvides, vender tiene más de actitud que de técnicas de venta. Si quieres ser un vendedor de éxito, debes meterte en la piel de tu cliente y pensar de la forma más parecida a como lo hace en su cerebro. Aprende a comprender cómo los usuarios de tus productos y los empresarios con los que negocias toman las decisiones para sus negocios. Habla el mismo idioma que ellos y serás el elegido. Deja de invertir un tiempo innecesario en tus reuniones de venta explicándoles las características de tus productos o servicios que ya describes en tu web.

# CAPÍTULO V

# Antes de seguir: ¿quieres ser un vendedor o prefieres ser un comercial?

*No es lo mismo ir a por euros que ir a por clientes: si tu objetivo es facturar, venderás producto; si tu estrategia es tener más clientes, generarás valor.*

Es posible que lo primero que hayas hecho al leer esta pregunta es contestarte a ti mismo con este otra: ¿y qué es mejor?

Las dos opciones son igual de buenas. Que un perfil sea mejor o peor que el otro será decisión tuya. Según cómo sea tu porfolio de producto, el mercado en el que te mueves y la tipología de cliente al que te diriges, deberías tener las habilidades de un vendedor o las de un comercial. Y esto no es solo aplicable para ti, también para tu equipo de ventas, si es que lo tienes.

El vendedor se centra en la tarea de vender. Le gusta tratar con las personas, recibirlas, atenderlas, argumentarle el producto y que la reunión siempre acabe con una venta. Su necesidad no es tanto la de hacer que la empresa gane dinero, sino disfrutar del placer de «venderlo todo».

Los objetivos les motivan, pero siempre que sean a corto plazo. No son personas de estrategias sino de acción. Se centra en el contacto directo con el cliente brindando asesoría, cerrando ventas y asegurándose de que este esté satisfecho con su compra. Disfrutan más de conseguir nuevos clientes que de mantener los ya existentes.

El comercial tiene un rol más amplio porque lo que a él le motiva es hacer crecer las ventas de la organización y sabe que eso se puede conseguir con distintas estrategias y herramientas. No siempre necesita una reunión presencial con un cliente para conseguir un pedido.

Realiza, por tanto, otras actividades relacionadas con la gestión de la cartera de clientes, prospección de nuevos mercados, desarrollo de relaciones a largo plazo, etc. Le motiva encontrar nuevas oportunidades de negocio, establecer acuerdos a largo plazo o negociar contratos más grandes.

Tiene más habilidad para construir relaciones duraderas con los clientes, entender sus necesidades a largo plazo y trabajar de manera más consultiva.

Los comerciales a menudo tienen objetivos que van más allá de las ventas inmediatas, incluyendo crecimiento de la cuota de mercado, fidelización de clientes, etc.

¿Eres empresario? Analiza si necesitas vendedores o comerciales.

¿Eres emprendedor? Descubre cuál de los dos perfiles llevas en ti.

CAPÍTULO VI

# Tu relación con la competencia dice mucho de quién eres

*El mejor producto posible siempre será tu equipo de vendedores.*

¿Cuál es la relación que mantienes con tu competencia? ¿Te preocupa o te ocupas? ¿Hay días en los que te quita el sueño o te es indiferente? Cómo vivas esta circunstancia es un buen indicador de tu madurez comercial.

En mis primeros años como vendedor, me preocupaba mucho por la competencia. Cada novedad que sacaban la estudiaba con ansia para analizar si era mejor que la nuestra y, si era así, ponía el grito en el cielo. Y en alguna ocasión hablé más de la cuenta de productos o marcas rivales en reuniones con clientes, lo cual es un error. No es que no debamos hablar mal de nuestros competidores ante clientes y potenciales clientes, es que apenas debemos hablar de ellos más que para mostrar que conocemos el mercado y usarlo como técnica para ganarnos autoridad. Algunos vendedores creen que hablar mucho pero bien de la competencia les da un toque de elegancia. Ya te digo yo que eso es hacerles de prescriptores a la competencia y además gratis. Luego no te quejes si no vendes.

Años después, gracias a la experiencia acumulada y la visión más amplia que adquirimos del mercado y nuestra empresa a través de roles como el de la dirección comercial, mi ocupación se centró en hacer cada día de mis comerciales un mejor equipo independientemente de los productos que tuviéramos nosotros y la competencia. Quería que mi equipo amara lo que hacía. Bastante difícil es disponer de un equipo de vendedores motivados y cohesionados como para andar perdiendo el tiempo investigando a la competencia. Me da igual que tengan mejores productos, lo que me importa es que nosotros tengamos un mejor equipo de vendedores.

Y es que, cuando todos vendemos lo mismo, el mejor producto es nuestro equipo comercial.

Trabajando en una empresa multinacional que tenía músculo financiero y que adquiría a distribuidores y colaboradores con cierta frecuencia para crecer en infraestructura y clientes, tuve un aprendizaje realmente importante. Teníamos algunos competidores que, al ser más pequeños y trabajar con calidades inferiores, podían presupuestar más barato y nos quitaban operaciones. A mí eso me molestaba y no entendía por qué no comprábamos a varios de esos competidores: sería barato, ganábamos algún cliente y nos quitábamos un problema de encima.

Un tiempo más tarde lo entendí: eran un problema porque yo tenía una mirada reactiva de vendedor cortoplacista. No valía la pena comprar a esos competidores, aunque nos quitaran operaciones, porque ellos nos hacían buenos. Eran nuestra razón de ser. Sus productos e instalaciones eran de calidades inferiores a las nuestras y su posventa era, por tanto, más problemática. Existe la luz porque existe la oscuridad, decimos que algo es bonito porque lo diferenciamos de cosas que las describimos como feas. Y si a nosotros nos definen como una buena marca con productos de alta calidad es solo porque hay otras empresas peores con productos de baja calidad. Sin el malo de la película, nunca sabríamos decir qué personaje es el bueno. No es, por tanto, que seamos buenos por nosotros mismos, es que la competencia nos hace buenos. Existe una competencia necesaria, no quieras deshacerte de ella.

Una vez empecé a trabajar por cuenta propia, descubrí que hay mucha menos competencia de la que nos creemos. Poniéndote como ejemplo el de mi actividad principal como formador en ventas y mentor de estrategia comercial, sé que hay personas que venden lo mismo que yo. Pero no me importa porque no lo hacen como lo hago yo. No los considero competidores porque tengan el mismo producto debido a que soy consciente de que somos las personas las que dejamos la huella, no el producto que vendemos. Cada uno de mis supuestos competidores son personas (o empresas) con una experiencia, habilidad y valores distintos a los míos y sé que, por mucho que lo intente, no voy a enamorar a todo el mundo. Y ellos tampoco. Tenemos espacio para todos.

CAPÍTULO VII

# Los tres ingredientes para cocinar una venta

## AUTORIDAD

*Vender no trata de ser un experto, sino de saber comunicar tu autoridad en la materia.*

Cuando hago por primera vez una formación de habilidades comerciales *in company*, la mayoría de las veces no conozco a ninguno de mis asistentes. Pueden ser incluso treinta personas y, de los presentes en la sala, haber hablado con anterioridad tan solo con el/la director/a comercial o la persona de recursos humanos que me ha contratado. Con mis formaciones en abierto, ocurre lo mismo, ya que muchos se apuntan porque me siguen en las redes, mi *newsletter* o por el boca a boca, pero nunca antes nos habíamos visto.

Voy a poneros un ejemplo de cómo empiezo muchas de estas formaciones, a qué le dedico mis primeros cinco minutos, y muy atentos porque, cuando terminéis de leerlo, os voy a preguntar cuál es el propósito de este inicio:

Hola a todos, mi nombre es Borja Lanáquera y mi propósito durante las siguientes horas es el de sacar la mejor versión del vendedor que lleváis dentro. Y, aunque los protagonistas de esta formación sois vosotros, me gustaría contaros muy brevemente con quién vais a compartir los próximos aprendizajes. Soy del ochenta, crecí con *Barrio Sésamo*, formo parte de la generación de EGB, BUP y COU, y que creo firmemente que tanto nuestra generación como la de nuestros padres, los famosos *baby boomers*, hacíamos lo que podíamos y tomábamos las decisiones que tomábamos con la poca información de la que disponíamos, y es que apenas existía la tecnología de la información; que, si lo comparamos con la actualidad, podríamos decir que no existía la tecnología en general. Quizá sea por eso por lo que decidí estudiar ingeniería: porque debí de leer en algún titular de la prensa escrita que tenía muchas salidas profesionales. Como soy muy *crack*, seis meses después de empezar la carrera ya sabía que no iba a trabajar de ingeniero. Pero la terminé por mis padres y porque había en aquel momento una importante «titulitis» universitaria que te hacía creer que sin esta distinción académica no encontrarías trabajo. Así que me fui de erasmus, me espabilé y, cuando volví, deseaba sí o sí ponerme a trabajar. Después de varios años universitarios sin encontrarle sentido a lo que hacía, necesitaba sentirme útil, aportar valor y hallar una recompensa, además de que ya me daba vergüenza seguir pidiéndole dinero a mis padres los fines de semana.

Así que yo quería tener una profesión, pero no sabía cuál. Y viendo a mi padre, que había sido un comercial, representante y *freelance* al que le había ido muy bien y que me parecía que disfrutaba de lo que hacía, pensé: «Voy a probar de vendedor». Probé, me enamoré de la profesión y desde ese día y durante veinte años he formado parte de diferentes empresas como vendedor y director comercial. He vendido productos en empresas distribuidoras y también de fabricantes. Esto me ha llevado a aprender a vender en directo al usuario del producto, pero también en indirecto a través de *partners* y distribuidores. He comercializado producto material, pero también intangibles como lo son los servicios de consultoría e ingeniería. He gestionado equipos comerciales en filiales españolas y he ejercido la dirección comercial en empresas multinacionales. Todo esto, que en su momento me parecían retos y dificultades, me ha desvelado en más de una ocasión, pero me ha convertido en un afortunado por los aprendizajes que ha generado en mí.

Hace unos años decidí que era el momento de realizar un giro en mi carrera profesional para centrarme en hacer crecer las ventas de pymes y emprendedores, por lo que decidí empezar a trabajar por cuenta propia y dedicarme a la formación en ventas y a la realización de mentorías de estrategia comercial.

Muy bien, ahora es cuando el protagonista de este libro vuelves a ser tú. Y por eso te pregunto:

- ¿Qué es lo que acabo de hacer, en este caso concreto, de escribir?
- ¿Por qué?
- ¿Cuál su propósito?

Estas mismas preguntas las hago a la audiencia de mis formaciones justo al terminar esta introducción. Hay asistentes que se alejan de la respuesta correcta al decirme cosas como

«Te has presentado». Otros demuestran más puntería cuando se atreven a decirme «Te estás vendiendo».

Esto que acabo de hacer está muy medido. Se llama *storytelling* y es una de las técnicas de venta más importantes que existen. No es un discurso al azar, sino que está muy trabajado, medido y revisado. Y no siempre empiezo una formación con el mismo texto, sino que tengo variantes más o menos emocionales dependiendo del tipo de audiencia que vaya a encontrarme.

Lo que pretendo con estos inicios es ganarme en el menor tiempo posible la **autoridad** de la mayoría de los asistentes y empezar a conectar con todos ellos a través de la **empatía**. Aquí tienes por tanto dos de los tres ingredientes necesarios para cocinar una venta.

Así como el mejor formador no es el mayor experto en la materia, el mejor vendedor no es el que más domina el producto. Formadores y vendedores comparten una de las claves de su éxito: sus habilidades de comunicación.

Siempre he sabido que, si a los veinte minutos de una reunión de ventas no has proyectado **autoridad** en la materia y no has **empatizado** con tu interlocutor, lo vas a tener difícil. Ya solo te queda un buen producto o trabajar el precio. Y rezar. Rezar para que el siguiente comercial que visite a tu cliente no conecte emocionalmente con él o ella, porque habrás perdido. Así que lo que se está poniendo difícil ya no es vender, sino el paso previo: captar la atención.

Para esto, debes transmitir que sabes de lo que hablas y proyectar con seguridad y confianza que eres una fuente de conocimiento. Si inicialmente muestras signos de duda, el cliente empieza a desconectar y a pensar en la partida de pádel que tiene después (aunque a ti no te lo parezca).

*Autoridad* no es soltar disertaciones interminables tras las preguntas de nuestros clientes: eso es disfrutar de escucharte a ti mismo. Tampoco vas a ganarte la autoridad interrumpiéndolos para demostrar que ya te sabes todas sus preguntas antes de que las terminen: eso es prepotencia. Por el contrario, puedes no disponer de todas las respuestas que tu cliente necesita saber y sí demostrar la autoridad necesaria. *Autoridad* es no proyectar dudas en tu comunicación, ser transparente y demostrar tener las cosas claras. Y esto, como vendedor que eres, debes practicarlo.

Te recuerdo que tus clientes usan productos, pero contratan proveedores. La clave del éxito no reside en quién eres, sino en qué proyectas con tu actitud reunión comercial tras reunión comercial. Se trata de qué dices y cómo lo dices en cada una de tus interacciones con tus clientes. Tu crecimiento profesional no tiene tanto que ver con tu personalidad como con tu estilo de comunicación y patrón conductual. He conocido a mucha gente brillante capaz de resolver cualquier demanda de los clientes, pero que no tenían éxito como vendedores porque no transmitían en sus conversaciones la más que sobrada autoridad en la materia de la que disponían.

Hace poco me reunía con un cliente al que le tengo mucho aprecio debido, entre otros motivos, a que es de las primeras empresas que me contrató. En esa reunión más distendida le hice saber que fue mi cuarto o quinto cliente y la reacción de su lenguaje no verbal fue instantánea mostrando su gesto de sorpresa. Me dijo, además, que cuando me conoció le pareció que llevaba tiempo haciendo este tipo de consultoría a empresas.

Aquí quien tuvo éxito fue la proyección de mi autoridad y no mis servicios ni mis precios. Apenas llevaba tiempo trabajando por cuenta propia, pero tenía muy claro que podía ayudar a esa empresa y así lo transmití a través de mi comportamiento y mi comunicación durante las diferentes reuniones que mantuvimos. ¿Mentí o engañé? Mentir habría sido que me hubieran preguntado cuántos años de experiencia tenía y que yo hubiera dado una respuesta falsa. Engañar es mostrar autoridad asegurando que dominas una materia cuando sabes que es falso. Engañas al cliente, pero también a ti mismo, y eso es pan para hoy, pero hambre para mañana.

Hoy en día me encuentro con muchísima gente brillante en cuanto a conocimientos y dominio de una o varias materias. Lo veo en clientes, colegas y colaboradores de diferentes generaciones. Cuando trabajo para pymes, suelo tratar con gerentes y mandos intermedios de la generación X que se sitúan de media entre los cuarenta y cinco a los cincuenta y cinco años. Son personas de éxito que han acumulado experiencia creciendo en su organización actual o experimentando retos al cambiar de empresa. Cuando colaboro con *startups* me encuentro principalmente con *millennials* que van aproximadamente de los veintisiete a los treinta y cinco años, y me alucina todo lo que saben para esa temprana edad y la facilidad con la que absorben todo aquello que les expliques siempre que les parezca útil a ellos y a sus intereses a corto plazo, no a ti.

Tengo por tanto la opinión de que me muevo entre personas que forman parte de la generación más preparada de la historia por sus estudios académicos y sus aprendizajes profesionales. Disponen, por tanto, de la autoridad necesaria. Ahora bien, la mayoría de esas personas están sufriendo mucho a la hora de influir positivamente en sus equipos y de vender sus productos o proyectos a sus clientes porque no saben transmitirla. Estamos en la era de la información y de la tecnología. Eso significa que nunca antes habíamos tenido a nuestra disposición tantas opciones formativas ya sean presenciales u *online* con diferentes formatos que los acercan al alcance de todos los bolsillos.

El saber se ha democratizado y todos somos expertos, pero pocos tenemos éxito porque seguimos fallando en habilidades de conducta y comunicación. Nos han enseñado a escribir y a hablar, pero no a comunicar, y todavía menos a conversar. Hablar básicamente es transmitir información y todos los que hablamos tenemos la capacidad de hacerlo. Comunicar, en cambio, tiene que ver con hacer que nuestro mensaje se entienda, con emocionar, con lograr tocar la fibra de nuestro interlocutor. Espero que entiendas que no puedes vender ni tus productos ni tus ideas ni tu autoridad si no sabes comunicar.

Si eres CEO de una empresa o *manager* de un equipo y no te sientes cómodo con la venta, lo siento, pero ponte las pilas. La venta más compleja que existe es la del cliente interno, o sea, miembros de equipo y pares de otras áreas. En una de mis etapas profesionales como director comercial de una multinacional, para cada nuevo proyecto comercial que creábamos, había que hacer tanta venta entre nuestros clientes internos de las demás áreas (*marketing*, producto, posventa, etc.) que cuando al final conseguíamos el OK de todo los involucrados y salíamos a venderlo a los clientes externos, yo ya estaba agotado.

En mi carrera profesional también he tenido varios jefes y un líder. El líder lo fue por muchos motivos y, como quiso hacerme mejor profesional de lo que era en ese momento, un día me dijo que no se trata de ser bueno, sino de parecerlo. De primeras para mí fue un bajón porque lo entendí como que se debía aparentar lo que no se era. Pero luego lo vi claro y se ha convertido en uno de mis mantras. Somos una generación sobradamente preparada, no vamos a tener éxito por estar aún más formados, sino por emplear nuestra energía en estar continuamente proyectando lo buenos que somos a través de nuestro comportamiento y comunicación a clientes, colaboradores, proveedores, accionistas e inversores, y poner así nuestro conocimiento a su disposición. Te aseguro que esto es exigente, y de ahí que haya pocos líderes.

La generación *baby boomers* podía permitirse ser tan solo buenos y despreocuparse de aparentarlo. Si tenías conocimientos y ganas de trabajar, tus jefes te descubrían, te ascendían y hacías carrera incluso en una única empresa. Hacía falta gente así y se buscaba. Hoy en día hay tantos profesionales de tanto nivel y tan poca oferta de empleo en condiciones y de calidad que no puedes ser bueno y esperar a que alguien te descubra: te adelantarán por todos lados. Si quieres algo, ve a buscarlo, pero no sin antes aprender a parecer lo bueno que estoy convencido que ya eres.

Ahora bien, independientemente de tus habilidades como comunicador, hay trucos. ¿Quieres saber qué viene muy bien para ganarte con rapidez la autoridad ante un cliente? Presentarle casos de éxito de los que puedas hablar. Pero, ojo, porque aquí muchas veces nos pegamos un tiro en nuestro propio pie. Alardear de un caso de éxito ante un potencial comprador con un perfil de empresa muy diferente o una casuística de negocio que no es idéntica a la que le estamos explicando nos puede causar el efecto contrario.

Por ponerte un ejemplo, si queremos impresionar a nuestro interlocutor diciéndole que ese mismo producto lo compra el cliente de nombre X y nuestro potencial cliente considera a X una empresa mucho más grande o superior, solo conseguiremos alejarnos del éxito. Según le vamos contando los beneficios que nuestra solución ha supuesto en X, la persona a la que nos dirigimos podría tener pensamientos de «Esto no es para mí» o «X tiene mucho presupuesto, este producto debe de ser muy caro». Y, claro, la mayoría de las veces los clientes no nos dicen lo que piensan, de ahí que exista eso a lo que llamamos «vender» y que no es otra cosa que descubrir los verdaderos motivos por los que las personas nos compran o no nos compran. De hecho, si dijéramos lo que pensamos e hiciéramos lo que decimos, la vida sería mucho más sencilla y llegaríamos a las fases de negociación y cierre de la venta de una forma más ágil y directa.

Por cierto, volviendo al ejemplo del *storytelling* que uso en los inicios de mis formaciones, ¿has leído algún agradecimiento en ese discurso? Podría haber hecho el típico comienzo de «Gracias a todos vosotros por vuestra presencia», «Gracias por la confianza de (quien sea) por haber contado conmigo», «Para mí es un honor tener la oportunidad de estar aquí con vosotros...». Por favor, no lo hagáis, no es necesario. La autoridad no tiene nada que ver con la educación. Esas personas no están ahí sentadas para escucharme, están porque quieren aprender. Al menos en mi caso, soy consciente de que no me han contratado para contarles lo agradecido que estoy. Me han elegido para que les genere valor y les ayude a vender más desde el primer minuto de la formación. El tiempo es oro y el dinero limitado: vayamos al grano.

## EMPATÍA

*Un buen vendedor les da a sus clientes lo mismo que un buen director comercial le da a su equipo de comerciales: aquello que necesitan, no lo que desean.*

Vamos a por nuestro segundo ingrediente para conseguir salir con pedidos de nuestras reuniones con los clientes: la **empatía**. Sé que en gran medida todos conocemos qué significa y escucho de forma acertada en mis formaciones definiciones del tipo: «Ponerse en los zapatos del otro», «Comprender lo que siente una persona aunque no estemos de acuerdo», etc. Ahora bien, yo no soy psicólogo y vosotros sois vendedores, por lo que me gustaría explicaros que vigiléis que no se os vaya de las manos, ya que de la empatía al servilismo hay un paso. Me refiero al «sí a todo». Comprender a un cliente y sentir sus necesidades como si fueran tuyas no quiere decir que tengas que ceder a sus deseos. He tenido en mis equipos a vendedores que, más que luchar por el beneficio de la empresa en la que trabajaban, parecía que tenían el síndrome de Estocolmo con los clientes.

Para empatizar muy bien es necesario saber escuchar. Pero hablamos de vender, no de tratar con pacientes. Así que, si estuviera creando un equipo de ventas y estuviera valorando contratarte, no necesito de ti que seas la persona que mejor escuche del planeta. Si te contrato será porque veo que tienes la habilidad de hacer que la otra persona, tu potencial cliente, se sienta escuchado.

Hace unas páginas te contaba que el cliente no siempre tiene la razón, pero sí que, hoy en día, es la persona más importante de la reunión de ventas y, por lo tanto, le tenemos que hacer sentir como tal. ¿Hay algo que nos haga sentir más importantes que sentirnos escuchados?

¿Y cómo puedo conseguir que mi interlocutor se sienta escuchado? Te voy a decir primero lo que no funciona: son esos habituales leves movimientos de asentimiento con la cabeza acompañados de unos desganados «Ya», «Sí», «Claro», etc. Esas expresiones, unidas a pocos gestos de comunicación no verbal, no consiguen nada positivo en tu relación con el cliente. Y es una pena porque puedes estar realmente interesado en lo que te está contando la persona que tienes delante, pero él o ella interpretará que te estás aburriendo.

Primero, utiliza el poder de las pausas. Si tu cliente te está hablando de sus necesidades, no le respondas de forma inmediata ni aun teniendo la solución que necesita en la punta de tu lengua. Deja un silencio de un par de segundos antes de responder. Esa pausa transmite que estás reflexionando sobre lo que dice, lo que aumentará su confianza en ti.

**APRENDE A VENDERTE: EL PRODUCTO ERES TÚ**

Seguidamente, te animo a que utilices breves expresiones que denoten tu interés real por lo que te cuenta tu cliente, pero nunca con la finalidad de interrumpirle: «Qué interesante», «No lo sabía», «¿Y qué ocurrió después?», «Qué bueno», «Continúa, por favor», etc.

Repite palabras clave que el cliente haya utilizado para reforzarle la sensación de ser escuchado, comprendido y valorado. Nuestro vocabulario ofrece muchos sinónimos para cada término, pero, a través de esta repetición de palabras clave, le harás ver que hablas el mismo idioma.

Y, finalmente, la opción más potente: tomar notas en nuestra libreta o agenda. También en tu tableta, portátil o *smartphone*, pero en esos casos haz siempre alguna aclaración verbal de que vas a «tomar algunas notas» porque la persona con la que estás reunido podría pensar que estás haciendo otras cosas mientras le escuchas. ¿Te ha ocurrido alguna vez estar explicando algo y que quienes te escuchaban tomaran notas? ¿Cómo te sentiste? Te lo digo yo: útil y valioso.

¿Te gusta rodearte de gente que considera que lo que cuentas es importante? A los clientes también. ¿Te gusta reunirte con personas que sabes que te escuchan de verdad? A los clientes aún más. Piensa que muchas de las personas a las que te diriges para explicarles tus productos y servicios están muy solas profesionalmente hablando. No necesitan escuchar, sino hablar y encontrar a la persona que los entienda. Cuando un empresario o emprendedor está valorando comprar tu producto o el de tu competencia es porque necesita transformar algo de su entorno. Tiene necesidades que cubrir, problemas que resolver o deseos que realizar. Y ocurre con frecuencia que la primera vez que lo verbaliza es cuando se reúne con los vendedores con los que se siente comprendido.

En una reunión de ventas hay un momento mágico que es cuando tu potencial comprador decide «abrirse» y contarte cuáles son sus deseos y necesidades. El buen vendedor se da cuenta y vive en su interior un subidón de adrenalina. Se acaba de abrir el melón de la venta y con ello uno de los momentos más delicados para el vendedor y que es el de escuchar y acompañar.

Para ello, también debes mostrar señales visuales y verbales que muestren que comprendes de verdad cómo se siente. Si un cliente expresa preocupación, no se trata tan solo de decirle «Entiendo que esto te preocupe», «Comprendo que sea importante para ti», sino de acompañar nuestras palabras con expresión facial acorde a esa emoción.

El cuerpo también es importante, ya que nuestras posturas, nuestros cambios de posición durante la conversación y nuestros movimientos de, por ejemplo, brazos, boca, ojos y manos influyen en cómo nos perciben. Estudios en neurociencia corroboran que una postura ligeramente inclinada hacia la otra persona crea una sensación de interés genuino.

## NO QUIERO QUE ME AYUDES, LO QUE QUIERO ES QUE ME ESCUCHES

Ahora bien, muchas veces nos puede el ansia: queremos vender, ayudar, sentirnos útiles. Y a la que vemos que tenemos la solución para lo que el cliente necesita, le interrumpimos. Le quitamos el protagonismo para dárnoslo a nosotros. Dejamos de escuchar para pasar a hablar. Creemos antes de tiempo que ha llegado el momento de explicar nuestros productos, y es un error porque el cliente ya sabe quiénes somos y lo que tenemos. Hoy en día nadie recibe a un vendedor sin haberse preparado antes la reunión. El cliente ya se ha informado de tus productos y servicios escudriñando tu web y redes sociales. No vendemos, por tanto, cuando hablamos, sino cuando el cliente se siente escuchado.

Los clientes no quieren vendedores que reciten de carrerilla todas las opciones de su catálogo de producto. Personas que hablan de productos y hacen demostraciones en vídeos ya hay muchas en las redes. La persona que tienes delante durante la reunión de ventas te elegirá solo si siente la confianza de que les vas a hacer crecer y que estarás ahí a las duras y a las maduras. Y, si solo hablas tú y no escuchas con generosidad e interés real, o tienes un producto realmente diferenciador o no vas a vender. Los clientes no necesitan a nadie más listo que ellos que les descubra sus necesidades: ya las saben. Los clientes necesitan personas que los entiendan, socios más allá de los muros de sus empresas.

Yo tuve la suerte hace muchos años de recibir un valioso aprendizaje de la que hoy en día es mi mujer y madre de mis mellizos. Así que antes de que metas la pata interrumpiendo a un cliente, te recomiendo que te acuerdes de ella y de esta historia:

Estábamos hablando en la cocina de una vivienda en la que empezamos a vivir juntos y era una etapa en la que yo era director comercial en una empresa. Carol me estaba contando algo que le preocupaba y yo me puse en plan *manager* de equipo y empecé a interrumpir su explicación con ideas y consejos para ayudarle y pasar al siguiente tema. Porque sí, para bien o para mal, los que sois o hemos sido mandos intermedios recibimos de nuestros equipos y jefes tantas consultas, solicitudes y marrones a diario que, o aprendemos a darle solución rapidito, o se nos acumulan. Así que yo debía de estar pretendiendo ayudarla con esa errónea actitud cuando le cambió la cara, se le endureció la expresión y, con un tono muy distinto al habitual, me dijo: «No quiero que me ayudes, lo que quiero es que me escuches». Ella ya sabía qué era lo que le pasaba y cómo solucionarlo. Solo necesitaba ser escuchada. Con los clientes ocurre lo mismo, así que acuérdate de Carol antes de interrumpir a tu cliente y querer ser tú el protagonista de la reunión. Y es que sí, escuchar cansa, acompañar es difícil y cederle el protagonismo al cliente requiere de generosidad, pero una vez lo entiendas y practiques, cerrarás a tu favor casi todas las oportunidades de venta.

## MAYA ANGELOU Y LA ASERTIVIDAD

Por cierto, con relación a mi historia, ¿te has dado cuenta de que, a pesar de ser una conversación importante para ella, no recuerdo de qué trataba? Pero han pasado más de diez años y sí que tengo grabado cómo me hizo sentir y cuál fue mi reacción cuando le cambió la cara y la voz. Y es que, como dijo Maya Angelou, las personas no recordamos lo que nos dicen, pero sí cómo nos hicieron sentir.

Esto mismo sucede en una reunión de ventas. Vivimos en una actualidad profesional en donde la mayoría de los vendedores somos educados, sabemos mantener una conversación y explicamos de forma correcta aquello que vendemos. No nos van a recordar por nuestras palabras ni nos vamos a diferenciar por lo que decimos. En cambio, sí que dejará huella la forma en la que lo decimos y cómo le hicimos sentir a nuestro potencial comprador durante nuestro tiempo de reunión con él o ella. ¿O es que no te acuerdas de la historia del responsable de compras de una multinacional que no quería atender al vendedor de uno de sus proveedores más importantes?

Pesa todavía mucho en nosotros la educación académica que desde bien pequeños recibimos para poder desenvolvernos en entornos fabriles e industriales. Y de ahí que sigamos pensando que serán las palabras y los datos los que nos lleven al éxito en cualquier conversación de negocios. Simplificando el descubrimiento de Albert Mehrabian en los años setenta, nuestras palabras impactan en tan solo un 7 % en nuestro interlocutor. Sin embargo, lo paraverbal (nuestro tono y velocidad de la voz) tiene un impacto del 38 % y nuestro lenguaje no verbal (gestos de la cara, movimiento de miembros, posición del cuerpo, etc.) alcanza el 55 %. De ahí que no recordemos lo que nos dijeron, sino cómo nos hicieron sentir.

No son las palabras las que van a proyectar nuestra autoridad en la materia y van a generar la empatía suficiente en nuestro interlocutor como para que nos compre. Será la actitud con la que nos expresemos. Por eso digo con frecuencia que, si alguna vez tenemos una reunión muy importante, pero no nos encontramos bien por el motivo que sea, la aplacemos si nos es posible. Por muy bien que expliquemos nuestros productos o servicios, si hemos dormido mal, no nos encontramos bien de salud o tenemos alguna preocupación que nos atormenta, el cliente va a notar algo extraño en nosotros. Piensa que cuando hablamos tenemos el control sobre las palabras que elegimos, pero no sobre el lenguaje no verbal que las acompaña.

No pasemos por alto que, además, tenemos una dificultad que se ha agudizado por el impacto que está teniendo en nosotros nuestra visibilidad en las redes sociales: el esfuerzo por gustar a todo el mundo. Esto, llevado al mundo de las ventas, se traduce en que la mayoría de los comerciales están diciendo más que nunca «Sí a todo», cediendo y desviviéndose por conseguirle al cliente deseos y exigencias que no deberían concederse. El miedo al no, al rechazo y el exceso de oferta y, por tanto, de competidores, nos está llevando a esto. Y no nos damos cuenta de que los buenos vendedores se están diferenciando del resto empleando la asertividad. Pero hay que ser valientes para esto.

¿Qué es la asertividad? Siempre explico que podemos explicarlo desde dos definiciones:

- Saber decir «no». Se dice pronto, pero no es sencillo. A mí siempre me ha costado y de ahí mi necesidad de explicarte que esto conlleva un peligro.
- Tener la habilidad de expresarle a otra persona tus opiniones, sentimientos y pensamientos de forma adecuada y sin herirle.

A mí me ha ocurrido. Pero por suerte eran otros años. Había poca competencia, los clientes no tenían tanto donde escoger y se nos perdonaba. Pero en más de una reunión le he dicho a mi cliente que eso que necesitaba sí lo teníamos cuando sabía al 95 % que no lo teníamos. Le he dicho que sí a una exigencia o condición cuando también sabía al 95 % que mi jefe o las normas de la empresa no lo permitirían. Y, ¿qué ocurre? Que días después de la reunión te toca hacer la llamada o el *e-mail* de la vergüenza: esa acción en la que te retractas, pides disculpas y pierdes una autoridad y una confianza que te va a costar mucho recuperar. No le pidas a tu empresa que pague una cara formación en ventas hasta que no seas capaz de decir «no».

Pero ser asertivo en una reunión de ventas no trata de decir «No, no lo tenemos» y quedarte callado. Eso es un suicidio. Ser asertivo significa tener la habilidad de decirle a tu cliente durante la misma reunión de ventas algo como:

- Esto que me pides no lo tenemos, pero cuando nuestros clientes necesitan soluciones como la tuya les suministramos esta otra opción con resultados satisfactorios.
- Lo que me estás solicitando no lo suministramos porque nuestra experiencia nos dice que es más beneficioso hacerlo de esta otra forma que te voy a explicar a continuación.

Sé que no es fácil. Una vez le dices al cliente que no tienes lo que te está pidiendo, tu sensación es la de estar perdiendo la venta. Pero será la asertividad la que te diferenciará del resto de los vendedores del montón. Siendo valiente y honesto estás captando la atención total del cliente y considéralo todo un éxito, pues quizá seas el sexto vendedor al que está atendiendo esta semana. Es posible que la asertividad no consiga que te lleves el pedido por el cual estás luchando en ese momento, pero te dará prioridad para las siguientes consultas y necesidades que tenga este mismo cliente.

## COHERENCIA

*Tú vendes productos, pero tus clientes compran coherencia.*

Hoy en día todos tenemos los mismos productos a precios similares. Y es por esto por lo que a la autoridad y la empatía hay que sumar un tercer ingrediente si queremos abrir una oportunidad de venta en una conversación con nuestro potencial comprador: la coherencia. Y te lo voy a explicar con un ejemplo real:

El gerente de una empresa de albañilería especializada en piscinas me citó en su despacho porque necesitaba mejorar sus habilidades comerciales. También me habló de crear una web con textos que vendieran, definir sus atributos de marca, crear discursos de venta... Yo le paré y le dije que no se gastara el dinero en mí hasta que no aseara su despacho y organizara el desastre muy visible en sus instalaciones. Eso o que nunca invitara a su empresa a un potencial cliente.

Imaginemos ahora que yo no soy especialista en piscinas, tan solo un potencial cliente que tiene un deseo o necesidad con una piscina. Tú, como vendedor o gerente, me estás explicando con mucho detalle los diferentes materiales y acabados de estos productos a pesar de que nunca voy a entender de piscinas tanto como tú (ni lo deseo). Pero sé de coherencia. Cuando las personas no sabemos de algo e incluso nos cuesta entenderlo, pero tenemos que tomar una decisión, ponemos nuestro sentido de la coherencia en funcionamiento. Me enseñas fotos de piscinas realizadas por ti que son preciosas y me cuentas que te distingues por ser pulcro, detallista y aseado. Pero mientras me explicas esto en tu despacho desastrado, mi coherencia me dice lo contrario. Me veo llamándote semana tras semana para que te lleves los sacos de escombros que has dejado y acabando de limpiar lo que tú considerabas que había quedado aseado. Así que tú puedes vender y saber mucho de piscinas, pero tus clientes son expertos en coherencia.

Estas son, por tanto, las habilidades que hace que cocines tus ventas con éxito. Una vez dominado esto, empóllate todo lo que quieras las características y funciones de todos tus productos. Antes, no.

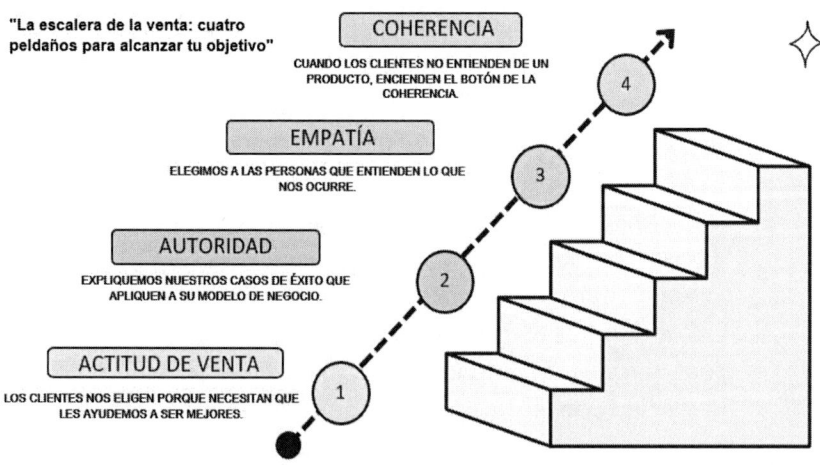

"La escalera de la venta: cuatro peldaños para alcanzar tu objetivo"

COHERENCIA

CUANDO LOS CLIENTES NO ENTIENDEN DE UN PRODUCTO, ENCIENDEN EL BOTÓN DE LA COHERENCIA.

EMPATÍA

ELEGIMOS A LAS PERSONAS QUE ENTIENDEN LO QUE NOS OCURRE.

AUTORIDAD

EXPLIQUEMOS NUESTROS CASOS DE ÉXITO QUE APLIQUEN A SU MODELO DE NEGOCIO.

ACTITUD DE VENTA

LOS CLIENTES NOS ELIGEN PORQUE NECESITAN QUE LES AYUDEMOS A SER MEJORES.

# CAPÍTULO VIII

# Ten clientes, no hagas ventas

*Un pedido es una transacción. Un cliente es una relación, elige qué quieres vender antes de salir a la calle.*

¿Te has planteado alguna vez por qué te compran? Piénsalo un minuto antes de seguir leyendo y respóndete a ti mismo. Te doy una pista: ¿es porque generas valor o porque le gustas al cliente?

Nos compran porque aquello que comercializamos es de utilidad para el cliente. Puede ser el producto en sí, el precio, los plazos de entrega, la forma de servirlo, el estatus que le genera disponer de él, etc. Pero nadie compra nada que no crea que le vaya a generar valor. Hay veces que, por tanto, lo que vende es el producto o tu marca, y no tú.

Ahora bien, ¿qué es la fidelidad? La fidelidad es gustarle al cliente. Si solo buscas generar valor, en cuanto aparezca un producto equivalente o sustitutivo al tuyo, las probabilidades de que dejen de comprarte son altas. Y, aunque seas un empresario o emprendedor con ideas brillantes, estoy convencido de que lo que tú vendes también lo tienen en esos mismos momentos miles de competidores.

Si quieres que tu cliente repita una vez tras otra y convertirte en su proveedor de referencia, tienes que gustar, y esto empieza por tu persona. Sí, la fidelidad conlleva un trabajo de mucho esfuerzo y constancia en donde intervienen además diferentes acciones de *marketing*. La fidelidad requiere de una estrategia y, por tanto, de una inversión económica.

¿Cómo llevas eso de gustar? ¿Estás enamorando a tus clientes o solo les entregas material? Yo no lo sé porque no te conozco, pero el lenguaje que utilizas te puede dar una pista. Cuando te encuentras con un amigo o colega de profesión, hay veces que surge en la conversación una empresa a la que podemos llamar X y resulta que te compra. ¿Qué le dices a tu colega, que X es tu cliente o que eres proveedor de X?

Sé que esto es hilar fino, pero si estás leyendo este libro es porque quieres ser un buen vendedor, ya seas comercial, empresario o emprendedor. Y somos tantos en la calle queriendo ser los mejores que la diferencia está en los pequeños detalles y en la actitud. Hace tiempo, un buen amigo que tuvo la oportunidad de hacer carrera en el circuito profesional del tenis, pero decidió apostar por sus estudios, me dijo que entre los primeros cien tenistas del mundo apenas hay diferencias técnicas. Es una cuestión de mentalidad y pequeños detalles lo que te hace estar unos escalones más abajo o más arriba del *ranking*.

Cuando me digo a mí mismo con mi lenguaje interno, o cuando me escucho decirles a otras personas que X es mi cliente, lo que siento en mí es que, sí, algo me compra. Yo siempre me he movido en un mundo de empresa comercial lleno de métricas y, por tanto, una vez una empresa me ha comprado algo, aunque sea un producto o cuantía irrelevante, es cliente. Tengo por tanto un cliente nuevo, recuperado o existente según los indicadores.

Pero cuando digo que soy proveedor de X, lo digo con más orgullo, se me hincha el pecho. Me siento el elegido, no solo le suministro, sino que tengo una relación comercial. Mi cliente y yo nos reunimos con regularidad, hablamos y me cuenta las nuevas necesidades que le van surgiendo en su camino empresarial. Hay veces que no le puedo ayudar, pero me suele consultar a mí de los primeros. Me he ganado la autoridad y confianza necesarias para ser su proveedor, su compañero de viaje.

¿Y qué dicen las empresas a las que quieres vender de las marcas que ya usan? Pongamos como nombre ficticio que tu principal rival en el mercado se llama Competence. ¿Cómo se expresa tu cliente con relación a ellos? ¿Dice que usa Competence o que le gusta Competence? Si yo trabajara en Competence y mi cliente dice que usa nuestros productos, no me quedaría tranquilo. Solo si le gusto me aseguro una relación de largo recorrido. Y te digo una cosa: prefiero gustarle a una empresa aunque aún no me compre. Lo difícil ya está hecho. El que empiece a usar mis productos tiene que deberse a algún detalle relacionado con el precio, plazo o servicio que seguro que tiene fácil solución.

Si la venta fuera un deporte, ¿con qué mentalidad disputarías los partidos? Existe un bulo entre dos hermanos deportistas españoles que dice que el mayor hubiera llegado más lejos que el pequeño de no haber sido por un accidente en moto por el que tuvieron que amputarle una pierna. Pero el mayor, antes del accidente, ya sabía que su hermano pequeño llegaría más lejos. ¿El motivo? Él soñaba con llegar a ser profesional y su hermano pequeño quería ser el número uno. Y casi lo consiguió, se quedó a un partido. ¿Sabes de quién hablo?

Elige si quieres tener clientes o ser su proveedor, y fórmate para ello. Ya sabes que, si en una competición deportiva tu nivel de juego es un reflejo de cómo entrenas, en una reunión comercial ocurre lo mismo. Los resultados de tus reuniones de venta dependerán de tu formación y preparación.

Invierte tiempo en mejorar tus habilidades comerciales. Todos vendemos lo mismo a precios muy similares. La **huella** que dejamos en cada una de nuestras conversaciones con los clientes es ahora más importante que nunca, de modo que, si a los cinco o diez minutos de una reunión de ventas ya estás hablando de características y precios, es posible que te estés escondiendo detrás de tu producto. No dejarás huella.

Mientras escribo este libro continúo con mi día a día profesional haciendo formaciones, mentorías y atendiendo clientes. Todos los días hago de formador a la vez que sigo siendo aprendiz, y mi aprendizaje de hoy ha venido en forma de llamada telefónica. Me ha contactado hoy el gerente de una pyme de productos industriales y, al hablarme de que está buscando comerciales para su empresa, me ha dicho que los profesionales de perfil técnico que se meten a vendedores están sobrevalorados. Esto me ha llamado mucho la atención y me ha hecho pensar.

Mi etapa en empresa ha estado muy vinculada a productos y servicios de vertiente técnica. Y, cuando detectábamos que un miembro del departamento técnico tenía un mínimo de habilidades sociales y comunicativas, lo queríamos pasar al departamento comercial. Y, si no quería, lo hacíamos igualmente pasándole al rol de *product manager*. En modelos de negocio donde el producto es el rey, un técnico con habilidades comunicativas tenía mucho éxito en una reunión de ventas.

Pero es cierto que han perdido peso y protagonismo porque ahora los clientes están tan informados sobre el producto como los mismos vendedores. De modo que creo que los vendedores de perfil técnico que se ponen a vender sin formación previa en habilidades comerciales siguen siendo muy relevantes, pero solo para la fase de la argumentación del producto. No para la fase de la venta, porque para eso hace falta mucha habilidad conversacional. Tampoco para la de negociación, porque para ello necesitan visión empresarial.

# CAPÍTULO IX

# Métete en la ducha con tu cliente

*A tu cliente le da igual que tú seas el número uno. Lo que le interesa es saber cómo puedes conseguir que él lo sea.*

Soy mentor en ventas y estrategia comercial de programas de aceleración de empresas y hay veces en las que asisto como ponente a los eventos de clausura. En una de esas participaciones me preguntaron por el factor más determinante para que una empresa crezca a través de sus ventas. Y lo dejé muy claro: hay que meterse en la ducha con tu cliente. ¿O acaso tú te duchas solo?

Fíjate en ti mismo. Si eres empresario/a o emprendedor/a, hace mucho que no te duchas solo. A primera hora del día entras en la ducha y apenas te enteras de la placentera sensación de las gotas de agua recorriendo tu cuerpo. Y es que estás pendiente de esos con los que estás debajo del grifo, como, por ejemplo: tus reuniones de ese día, tus preocupaciones para crecer, tus deseos de ir a más, cómo hacer acciones efectivas con pocos recursos, si debes o no contratar a un nuevo empleado...

Pues a tu cliente le ocurre igual, por lo que, si le quieres ayudar, tendrás que averiguar primero qué es eso que piensa cuando se mete en la ducha y construir a partir de ahí tu argumentario de ventas.

Dicho de otro modo: opino que el DAFO sigue siendo una herramienta útil para que empresarios y emprendedores revisemos con cierta frecuencia cuáles son nuestras debilidades, amenazas, fortalezas y oportunidades. Pero eso es como «mirarnos el ombligo». No creéis vuestro argumentario de ventas justo después de hacer el DAFO.

Los argumentarios de venta hay que crearlos después de hacer el mapa de empatía con el cliente, ya que al cliente no le importa lo bueno que somos (DAFO), sino lo bueno que le vamos a hacer a él (mapa de empatía). Y para eso debemos responder a las siguientes preguntas:

- ¿Qué ve mi cliente cuando entra en su empresa?
- ¿Qué oye de sus empleados y competidores?
- ¿De qué habla cuando está con sus clientes, accionistas y proveedores?
- ¿Qué le da miedo?
- ¿Qué es aquello que celebra?

Consejo: responder a todas las cuestiones que plantea no me parece sencillo. Si lo fuera, vender sería fácil, los vendedores no existiríamos. No pretendas completarlo en cuarenta y cinco minutos y dar la tarea por acabada. Es un documento «vivo» que deberías ir completando y actualizando a ratitos con el paso de las semanas, tal y como vas descubriendo cosas nuevas sobre esas personas a las que quieres ayudar a través de tus productos y servicios.

# CAPÍTULO X

# Las competencias de un vendedor

*La vida no va de llegar a una cima a toda velocidad, sino de no pararse una vez lo has conseguido.*

Esto de las competencias es un tema que me abruma. Hay libros que son como biblias y que solo se dedican a hablar de las competencias que debe tener todo vendedor. Nunca he podido acabármelos porque, para empezar, no me creo que ni siquiera el mismo autor que las explica disponga de todas ellas. Se te van las ganas de ser vendedor.

Recientemente leía que un buen vendedor debe cumplir con las siguientes competencias «clave» y por clave entiendo que debe de haber todavía más, pero que las que paso a enumerarte son como las imprescindibles si quieres tener éxito en las ventas: comunicación efectiva; empatía; conocimiento del producto y del mercado; orientación a resultados; negociación; resiliencia; gestión del tiempo; capacidad de análisis y resolución de problemas; adaptabilidad y flexibilidad; actitud positiva y automotivación; trabajo en equipo, uso de la tecnología y las herramientas de venta.

Este libro no va de certezas, sino de trasladarte lo que a mí me ha funcionado y lo que veo que funciona en otros. A mí me gusta empezar con cimientos sencillos y sólidos que ya se irán volviendo más complejos con el paso del tiempo. Y es por esto por lo que opino que en el interior de todo vendedor debe residir:

- Honestidad.
- Formación.
- Constancia.

Lo que te voy a explicar se convirtió hace muchos años en una diapositiva de las que me acompaña en la mayoría de las formaciones que realizo tanto a equipos de venta como a empresarios y emprendedores. Y me hace ilusión explicarte que para ello me inspiré en una empresaria de una pyme a la que le estaban yendo muy bien las cosas. Estábamos en una reunión en donde algunas empresas explicaban su modelo de negocio y, cuando le tocó el turno a la gerente de una inmobiliaria, nos explicó que tenía cuatro oficinas y que iba a abrir varias más debido a que sostenía su estrategia comercial en estos tres pilares.

Ya no se escuchan estas cosas. La tendencia actual nos está enseñando a que el buen empresario o empresaria es el que dice que ha abierto tres nuevas oficinas en un tiempo récord «levantando» cierta cantidad de dinero en una ronda de financiación. Desde luego que tener la habilidad de pedir capital cuando se necesita es fundamental para la viabilidad de una empresa, pero no te lances a pedir dinero sin tener asentadas unas mínimas competencias profesionales.

Sobre la honestidad no hay mucho que decir. Todos sabemos que la mentira tiene las patas cortas. El problema es no tener la capacidad de aislarnos del momento presente en el que vivimos y la ansiedad que nos genera esa presión de tener éxito y reconocimiento lo más rápido posible. Ser honesto se dice rápido, pero es más complejo que nunca. Si quieres ser un profesional de largo recorrido y que los clientes siempre te quieran atender, empieza por ser honesto. Yo siempre lo digo: lo único que no se le puede perdonar a un vendedor es que un cliente no le quiera atender.

La formación. Soy defensor de que es la empresa la responsable de formar de forma correcta y continua a sus trabajadores. Pero también opino que quien no se forma es porque no quiere. Ahora sí que la formación está al alcance de todos en forma, contenido y precios. Llevo años viendo currículums de profesionales tremendamente formados. ¿Cuál es el problema? Que no aplican los conocimientos adquiridos o que se han formado en materias que no tienen aplicación en su día a día profesional. Formarte y no aplicar lo aprendido está, por desgracia, a la orden del día, de modo que quien sí lo pone en práctica destaca sobre los demás.

Y la constancia. De primeras me pareció que es otra cualidad fundamental en un vendedor, pero tras varias reflexiones me di cuenta de que no. De hecho, me atrevo a decirte que, si quieres vender, no seas constante.

Sabes que hace veinte años empecé en el mundo de las ventas y he comentado que, comparado con ahora, éramos cuatro gatos y concertar reuniones con clientes era muy fácil.

Siendo constante podías asegurarte el éxito. Constante en las llamadas de prospección, constante visitando a clientes y no clientes, constante haciendo seguimiento... Supongo que de ahí surgió el concepto del vendedor «pesado».

El buen comercial ya no es pesado. El nuevo perfil comercial que triunfa no es pesado porque no se puede permitir serlo. No hay tiempo para eso. Hay más oferta que nunca, el mercado se he llenado de competidores y los clientes son los mismos o menos.

Ahora hay que ser perseverante. ¿Conoces la diferencia?

Imagínate que eres una gota cayendo sobre una piedra. Siempre caes desde la misma altura, con el mismo caudal y manteniendo la frecuencia de goteo. Eres contante y por tanto sabes que en algún momento dejarás huella sobre la piedra, pero ¿cuándo? La constancia es insistir hasta obtener el resultado que deseas, pero haciendo siempre exactamente lo mismo. Ojo, esto es útil, pero es lento.

La perseverancia es ser constante, pero probando cosas diferentes que te acorten el camino al éxito. Sigues siendo una gota que quiere dejar huella, pero prueba a aumentar tu caudal, tu frecuencia de goteo o la altura desde la que caes. O quizá no estás dejando huella porque esa piedra, o sea, tu cliente, no es la adecuada para ti. Atrévete a probar diferentes estrategias, incluso elige otra piedra. Podría ocurrirte que eres un buen vendedor, pero que no has sabido elegir bien tu cliente objetivo. El vendedor perseverante adelanta al vendedor constante.

Pero ojo, ser perseverante no quiere decir ir rápido. Ten en cuenta que puedes necesitar realizar hasta cinco contactos con tu cliente para cerrar un pedido. No lo digo yo, esta estadística surge de un estudio de una asociación norteamericana de vendedores. Lo leí hace ya tiempo y le di la razón. Hay modelos de negocio que exigen cerrar en solo una reunión. Y cuando digo cerrar me refiero a salir con el pedido/contrato firmado en una primera visita. Esto es difícil y, por suerte, no es habitual en muchos modelos de negocio.

Por el contrario, este libro podría estar generando en ti un primer contacto. Si te gusta lo que lees, es posible que entres en mi web o me sigas en las redes (segundo contacto). Me pedirás un presupuesto de uno de mis servicios (tercer contacto). Te haré llegar la propuesta (cuarto contacto) y te diré de vernos, aunque sea *online* para comentarla (quinto contacto). Hacer un extra y llegar a seis me parece difícil. Pero este sexto contacto y ya definitivo podría ser saludarte en un evento de *networking* en el que sé que vas a estar, buscar a alguna persona que conozcamos los dos para que te haga llegar una buena referencia sobre mis formaciones o incluso invitarte a una de esas formaciones o ponencias que eventualmente hago abierta a particulares.

Cuando no entiendas por qué no has cerrado un pedido, revisa cuántos contactos has generado. A lo mejor quieres ir demasiado rápido.

En su momento me di cuenta de que, siendo honesto, poniendo en práctica todo aquello en lo que te formes y siendo perseverante, cualquier persona podrá ser un buen vendedor y avanzar profesionalmente en cualquier faceta. Pero me faltaba algo. Una cosa es ser bueno y la otra es tener éxito. Añadir competencias y destrezas a la vez que te sigues esforzando te hará mejor profesional, pero tampoco te asegura el éxito.

# CAPÍTULO XI

# Da igual lo que vendes, lo que importa es cómo lo comunicas

*Hoy en día vender es fácil si se sabe cómo,*
*pero captar la atención es difícil aunque se sepa.*

Los vendedores que se diferencian del resto y están varios pasos por delante son aquellos que multiplican sus habilidades a través de la conducta y la comunicación. O, dicho de otro modo, se centran en el qué digo, cómo lo digo, qué hago y cómo lo hago. Los buenos profesionales no esperan a ser descubiertos, se exponen. Los buenos vendedores no son reactivos, son proactivos. Y para ello, trabajan para potenciar su patrón conductual y sus habilidades de comunicación.

Eres vendedor, no investigador científico de laboratorio. Sirve de poco ser un respetado profesional con extenso currículum formativo si no sabes comunicar. Da igual que tengas un doctorado si no sabes persuadir a los que te rodean para que escuchen con atención esos conocimientos tan relevantes que quieres compartir con ellos. En otras palabras: vender.

De hecho, el éxito de mis formaciones reside más en mis habilidades como comunicador y formador que en el dominio absoluto de todos los conceptos que trato. Comparto contigo este secreto que confieso por primera vez. Pero resulta que tú no vienes a mis formaciones para verme, sino para aprender, y que yo no hago formaciones para que veáis lo bueno que soy, sino para haceros mejores a vosotros. Lo tuyo sería de tontos y lo mío de arrogantes.

Con el dominio de los conocimientos que me ha dado mi experiencia profesional y académica, os soy útil, pero con mis habilidades de comunicación pretendo gustaros. Recuerda que para fidelizar hay que generar valor y gustar, es la suma de ambas. Si consigo ambas cosas, sé que volverás a mis próximas formaciones o que me acabarás contratando mentorías de estrategia comercial. Eso es vender y no otra cosa.

Vender es gustar, ganarte la confianza del cliente y enamorar, normalmente en plazos cortos y actuaciones rápidas. Y esto no lo consigue nuestra personalidad. Estamos muy confundidos. Vamos por la vida de psicólogos; nada más complicado que eso. Por usar un ejemplo sencillo pero práctico, podríamos decir que somos en un 85 % personalidad. Esa es la parte de nuestro ser más rígida y difícil de cambiar, pues dicen los estudios que hasta en un 50 % es herencia genética mientras que el 50 % restante se perfila en nuestros primeros siete años de vida. La personalidad es un cóctel de experiencias y creencias que, bien gestionadas y trabajadas, nos pueden llevar hacia la plenitud y la felicidad para aquellos aspectos de la vida que realmente son los importantes. En situaciones trascendentales y en los momentos en los que tengas que tomar decisiones vitales, será la personalidad quien sea la protagonista.

Pero para resolver las gestiones personales y profesionales de nuestro día a día normal, ordinario y habitual, nuestro éxito reside en el restante 15 % de nuestro ser: nuestra conducta y comunicación. Al contrario de la personalidad, ambas habilidades son altamente flexibles y adaptativas y las usamos de un modo u otro según la persona o personas con las que nos estemos comunicando, el contexto y las circunstancias. Somos capaces de adaptar nuestro comportamiento, vocabulario y lenguaje no verbal varias veces durante un mismo día. No le hablas igual a tu jefe que al presidente de la compañía. No le hablas igual a un cliente cuando le estás vendiendo que cuando estás gestionando un retraso en sus pagos. No le hablas igual a un amigo sobre los temas de actualidad que cuando le quieres pedir un favor. La conducta y la comunicación son flexibles y las estamos modificando de forma inconsciente para influir en los demás, o sea, estamos vendiendo. Ahora bien, solo conseguirás multiplicar el valor de tus competencias y ser un vendedor de éxito cuando manejes tu conducta y tu comunicación a tu voluntad.

No quiero que pases de puntillas por esto que estás leyendo ahora mismo. Es uno de los conceptos más importantes que hay que entender si quieres ser un buen vendedor, así que, para que cale en ti, te lo voy a contar con una historia, la del «poder de las primeras impresiones».

Conocerás la frase de «No hay una segunda oportunidad para causar una primera impresión». Si ha pasado a formar parte de nuestra cultura desde tiempos inmemoriales, tendrá un motivo y este nace hace millones de años cuando salíamos de nuestras cavernas a buscar alimento y no estábamos en la cima de la cadena alimentaria. Por aquel entonces, éramos presas de animales conocidos, pero también por conocer, de modo que, cuando recolectábamos o cazábamos, nos encontrábamos habitualmente y de forma repentina con otros seres que no habíamos visto antes.

¿Qué ocurría en cada una de esas ocasiones? Que nuestro cerebro reptiliano entraba en modo supervivencia y decidía en un rápido intervalo de siete a once segundos si atacaba porque sentía que sería vencedor y tendría por tanto la comida de ese día, si debía salir corriendo porque la comida iba a ser él mismo o si la mejor opción era quedarse paralizado y que cada uno siguiera su camino.

Durante millones de años hemos estado más cerca del hombre animal que del hombre moderno y ese instinto de supervivencia lo hemos transportado a través de nuestro ADN a nuestros días. De ahí que, hoy en día, tardemos ese mismo intervalo de tiempo en etiquetar a una persona a la que acabamos de conocer. Te puede parecer injusto, pero así es, tú también lo haces. Nos explican que etiquetar es malo, pero es necesario. Absorbemos tantos millones de bits de información por segundo a través de nuestros sentidos y tenemos que gestionar tantos datos en nuestro cerebro para tomar decisiones (la mayoría de ellas muy rápidas) que, si no utilizáramos atajos como el de etiquetar a las personas en una primera impresión, colapsaríamos.

Así que, cuando nos presentan a un nuevo jefe, conocemos a un nuevo compañero o algún amigo nos presenta a su última pareja, en unos diez segundos hemos decidido que parece agradable, que es serio, que es raro, que algo no me encaja, que no va a durar ni dos días, que es lo que necesitamos, que tiene mala pinta, que voy a estar a gusto, etc. La conducta y la comunicación que emplea en esos primeros instantes la persona con la que hablamos va a marcar su primera impresión, no su personalidad.

Los vendedores jugamos mucho a ser psicólogos y estamos continuamente describiendo a nuestros clientes como exigentes, fríos, quisquillosos, callados, caóticos, peseteros, etc. Creemos que conocemos su forma de ser, pero lo que realmente estamos percibiendo de ellos es su manera de comportarse atendiendo a cómo se comunican.

Así que ten claro, colega vendedor, que, si nosotros hacemos eso con nuestros clientes, ellos hacen lo mismo con nosotros.

Nosotros seremos o no seremos confiables, cercanos, agradables, especialistas, asesores, etc., según lo que perciban en nosotros a través de nuestro comportamiento y nuestra habilidad comunicativa, no de nuestra personalidad. La idea inicial que se forme el cliente hará que en el futuro confíe más o menos en nosotros. En otras palabras: la primera impresión que generemos impactará de lleno en la relación de confianza que debe darse entre cliente y vendedor para llegar a un acuerdo comercial.

Somos tribales. ¿Con quién te cruzas el país en coche para irte de fin de semana a un lugar remoto para descansar, desconectar o pasar una experiencia memorable? Pues alguien con quien conectas de maravilla. Y piénsalo, ¿cómo conectamos unos con otros desde el inicio de los tiempos? Con lo que transmitimos a través de nuestras palabras y el lenguaje no verbal.

Si a las personas nos gusta estar cerca de otras similares a nosotros para sentirnos comprendidos y más seguros, a los clientes les ocurre igual con sus proveedores. Con vendedores de productos esporádicos o poco importantes para su modelo de negocio, dará un poco igual. Pero, para productos importantes que influyan de forma directa en la supervivencia o prosperidad de su persona o empresa, los clientes elegirán a alguien de su tribu.

El mercado está lleno de eso que tú también vendes, así que recuerda que el producto eres tú. Entre productos parecidos a precios similares, el cliente elegirá al vendedor con quien haya conectado mejor. Haz de la primera impresión toda una experiencia para tu potencial nuevo cliente manejando a tu antojo y de la forma más conveniente tu conducta y tu comunicación. Las ventas no van de tratar a los demás como te gustaría que te trataran a ti, sino de tratarlos como a ellos les gusta ser tratados.

¿Recuerdas el ejemplo del tenis que te ponía hace unas páginas? Te voy a contar uno similar, pero llevado al campo de los recursos humanos. Estoy convencido de que, hoy en día, tres candidatos que lleguen al final de un proceso de selección tendrán unos conocimientos y habilidades muy similares y cualquiera de ellos será de gran valor para la empresa hasta el punto de poder hacer la elección con una venda en los ojos y no fallar. ¿Cuál es el paso que deben dar estos tres candidatos para dejar de ser buenos y empezar a ser elegibles? Disponer de unas buenas habilidades de comunicación que proyecten el valor que van a generar a las personas que los van a emplear. Si no se venden, no los van a escoger.

Yo diferencio entre formaciones de habilidades comerciales y formaciones de técnicas de negociación. ¿Por qué? Porque todos, en una empresa, vendemos. No hace falta presentar un presupuesto y saber negociar para ser vendedor. Ya estés en la recepción, en atención telefónica, en el departamento técnico o en el de posventa, si tienes trato diario con clientes, estás vendiendo, aunque la firma de tu *e-mail* no indique que seas miembro del departamento comercial. En estas formaciones se trabaja que diferentes perfiles profesionales aprendan a conectar con sus clientes para gustarles y satisfacerles. Por el contrario, a las formaciones de técnicas de negociación solo asisten vendedores y empresarios que sí deben presentar presupuestos y quieren aprender a defenderlos. Aquí apenas entro en la parte de conducta y comunicación porque, si llegan con frecuencia a las fases de cierre de las reuniones de venta es, seguramente, porque ya saben gustar.

## ¿Cuáles son las competencias de un vendedor?

Constancia
Perseverancia
+
Formación
+
Honestidad
⋈ CONDUCTA & COMUNICACIÓN

# CAPÍTULO XII

# La venta más difícil es ser escuchado y comprendido

*Si tu cliente te oye, pero no te escucha,*
*quizá es porque tú le hablas, pero no dices.*

He mencionado en varias ocasiones que serás un buen vendedor si tienes la proactividad y la autorresponsabilidad de conocer tu estilo de comunicación y de adaptarlo al de tu cliente. Pero debes ser también consciente de que no vas a poder dominar todos los contextos comunicativos. Eso es imposible porque las palabras son 50 % de quien las dice y 50 % de quien las escucha y, para que lo entiendas mejor, me gustaría recordarte que entre dos personas que conversan existen barreras que van más allá de su dominio.

¿Te ha ocurrido alguna vez que, después de varios días ensayando un discurso perfecto de ese algo que le quieres explicar a otra persona, llega el día de recitarlo y cuando las palabras salen de tu boca percibes que no te está saliendo tan bien como cuando lo practicabas en tu mente? Esta es una de las primeras barreras y no tiene por qué ocurrirte solo en un entorno profesional. Esto te ocurre casi a diario con temas importantes que quieres tratar con clientes, compañeros, parejas y hasta vecinos. Tras días preparando algo importante que decir, en el momento de la verdad, no entiendes por qué no lo explicas tan bien como lo tenías visualizado. Y es que en nuestra mente tenemos claro al 100 % lo que queremos expresar, pero, cuando empezamos a comunicarlo, nos dejamos, sin quererlo, hasta un 20 % de la información. Ya empezamos mal.

Podemos pensar que, si transmitimos en nuestra comunicación con nuestro cliente hasta un 80 % de la totalidad del contenido que le queremos hacer llegar, el mensaje debería ser claro y suficiente. Pero no es así. No seas ingenuo y vayas a pensar que tu cliente va a escuchar todo lo que digas. No solo en las ventas, sino en la vida en general, te irá mejor cuando entiendas que las personas oyen todo lo que dices, pero no escuchan todo lo que transmites. Oír va de percibir sonidos y lo hacemos como respiramos: sin esfuerzo ni concentración. Escuchar significa prestar atención, requiere un esfuerzo. De ahí que insista por segunda vez: lo difícil para conseguir pedidos y cerrar acuerdos ya no es saber vender, sino captar la atención.

Estamos reunidos con un potencial nuevo cliente, para nosotros puede ser el momento más importante de la semana, pero para él o ella es la sexta reunión del día con una persona que le quiere vender algo. Posiblemente, esa persona estará sin ganas de escucharnos a no ser que le demos un buen motivo. Ten en cuenta que hay personas que siempre tienen que decir algo y las hay que tienen algo que decir. Y sí, hay que reconocerlo: hay vendedores que hablan, pero no dicen nada. De oír no se vende: si no conseguimos ser escuchados, nunca venderemos.

Una vez explicado este concepto, de ese 80 % del mensaje que has conseguido dirigir hacia tu cliente, podría llegar a recibir tan solo un 60 %. Y esto ya no depende tanto de ti. Cuántas veces te ha ocurrido el estar fluyendo en una reunión de ventas por lo bien que estás explicando tus productos y por el nivel de conexión que estás consiguiendo con tu interlocutor y, en un momento dado, le suena el teléfono y atiende la llamada. O alguien entra en la sala en la que estáis reunidos para hacerle una consulta. El mismo efecto producen los relojes inteligentes con notificaciones de mensajes y *e-mails*.

No son capaces de escucharte lo bien que te mereces por todo el ruido que tienen a su alrededor y que les impide mantener la concentración. Y no solo eso. Resulta que tu cliente no es un superhéroe. Es una persona como tú y yo y, aunque tuviera muchas ganas de verte, atenderte e incluso de comprar tu producto, hay veces que no lo aparentan porque han tenido una mala noche o porque justo antes de reunirse contigo le han dado una mala noticia.

Ahora que sabes que de todo lo que tienes que contarle a tu cliente sobre ti, tus productos y tu empresa puede llegar a recibir solo el 60 % de la información, elige muy bien los temas que quieres tratar en la reunión. No lo machaques con una lista interminable de características de tus productos porque no las va a retener. No le cuentes una versión extendida de la historia de vuestra empresa y todas las formas con las que ayudáis a vuestros clientes porque será difícil que pueda mantener la atención sin recibir interrupciones.

Sé que te gustaría que fuera diferente porque llevas toda la semana preparando el momento de la reunión, pero, si hay una profesión que vive en la continua incertidumbre, esa es la de las ventas. El buen vendedor es el que se prepara la reunión y se hace un guion de lo que debe hacer (y no hacer) para tener éxito, pero el que se lleva la mayoría de los pedidos es el que sabe adaptarse a lo que no estaba en ese guion.

No te lo vas a creer, pero aún no hemos terminado. Nuestro mensaje, que nacía desde nuestro cerebro con una plenitud del 100 %, pero que podría llegarle recortado a nuestro interlocutor hasta en un 40 %, aún puede perder un 10 % más de información. Y es que una cosa es lo que recibe y otra lo que interpreta. Recuerda que asesorar es que la otra persona te entienda. Ojito con los tecnicismos porque puede que el cliente no entienda lo que dices, pero, aun así, no te lo pregunte. Las personas y, por tanto, también nuestros clientes tenemos un problema con la vulnerabilidad que va *in crescendo* con el paso del tiempo debido a nuestro miedo a no gustar. De ahí que cada vez nos dé más vergüenza preguntar. Las redes sociales han llenado a la población virtual de «expertos», y el cliente no quiere sentirse inferior ante el comercial, de modo que, si le hace preguntas, cree que mostrará debilidad ante una posible negociación.

La moraleja de esta historia es que tienes que trabajar tus habilidades de comunicación y conexión más que tu conocimiento del producto. Conseguir que tu cliente sienta que contigo está en un espacio conversacional de seguridad y confianza en el que no se avergüence de preguntarte cualquiera de sus dudas e inquietudes te abre las puertas al éxito. ¿Te has preguntado alguna vez cómo puede ser que haya comerciales que se llevan los pedidos sin apenas aplicar descuentos? Pues por motivos como este: trabajan tan bien sus habilidades comerciales que no necesitan de este último esfuerzo económico. El cliente sabe casi todo de tu producto y del de la competencia, pero le comprará solo al vendedor que le haga sentir importante, y no vulnerable.

Y es que a veces no es una cuestión de tecnicismos, sino del vocabulario en sí mismo. Si nosotros somos un vendedor de perfil técnico y detectamos que nuestro potencial cliente también lo es y se encuentra cómodo utilizando terminología concreta, adelante con ello: os entenderéis a la perfección y la conexión será óptima.

Pero qué pasa con palabras como *rápido, lento, nuevo, viejo, inmediato, ágil, novedoso, eficiente,* etc. De primeras parecen fáciles de entender, que no dan lugar a equívocos, pero en realidad tienen tantas interpretaciones como personas haya en la reunión de ventas. Recuerda que vender es dar servicio y que los vendedores comen al final. No importa qué signifiquen esas palabras para ti ni para la persona que diseñó el producto del cual estáis hablando. Lo que debes hacer como vendedor es averiguar la interpretación que tus clientes les dan.

Insisto, casi nunca dejamos de vender por culpa del precio, sino por no descifrar lo que el cliente está entendiendo de aquello que le estamos explicando. Piensa que, cuando el cliente interpreta que tus productos o servicios ofrecen más de lo que tú le estás explicando, antes o después se producirá un desencuentro que no podrá arreglar ni el mejor de los descuentos.

# CAPÍTULO XIII

# Palabras que venden

*El peor momento para pensar en lo que estamos diciendo es el momento en el que lo decimos.*

Si bien es cierto que una conversación de ventas es impredecible, también lo es que seremos mucho más efectivos si logramos automatizar en nosotros muchas de estas expresiones que te explico a continuación. Sirven para guiar la conversación desde la posición inicial del cliente de «No tengo tiempo, no estoy interesado» hacia el cierre con éxito de la reunión o llamada telefónica.

Los buenos vendedores no son lo que conocen hasta el más mínimo detalle de lo que venden, sino los que saben exactamente qué decir, cómo decirlo y en qué momento.

**No estoy seguro de que sea para ti, pero…**

Las personas tenemos miedo del rechazo, de no estar informados, de ser los últimos en saber algo, de perder. Con este inicio conversacional el cliente no siente que se le va a vender, no hay presión. El cliente percibe que él decide, que él va a comprar. La palabra «pero» elimina en nuestro subconsciente todo lo dicho antes y capta la atención para escuchar más atentamente lo que viene después.

En llamadas telefónicas esta frase también viene muy bien cuando quieres concertar una reunión con una persona que nunca te ha querido recibir. Dile que no sabes seguro que sea un producto para él, pero que mañana vas a estar hablando sobre ello con empresas de la zona y has pensado que quizá querría saber de primera mano de qué se trata.

La probabilidad de conseguir la reunión es alta porque, además, a la gente le gusta enterarse de las cosas «de primera mano» y tener el protagonismo de contarlas, y no al revés.

## «¿QUÉ SABES DE...?»

Esta pregunta sirve para neutralizar ideas preconcebidas del cliente y cuestionar la información sobre la que se sustentan. Suelen ser opiniones negativas y es, por tanto, una buena pregunta para rebatir una objeción de compra que seguramente nos está dificultando la venta.

Hay clientes que creen que saben más que nosotros y quieren aleccionarnos con sus opiniones sin datos y llenas de creencias. Yo he tenido clientes que me han llegado a decir que ciertos productos y servicios iban a ser un fracaso cuando fueron un tremendo éxito. Hablan sin saber.

Quieren explicarnos que no nos quieren o no nos pueden comprar debido a cuestiones vinculadas con funcionalidades de nuestro producto, de nuestra competencia, del mercado, etc., y lo hacen como si supieran más que nosotros.

Al preguntarles «qué sabes» de algo concreto de la conversación, callarte y dejar que se explaye tu cliente, él/ella se escuchará a sí mismo hasta el punto de darse cuenta de que no sabe tanto como creía. Es entonces tu oportunidad para contratacar, neutralizar sus ideas y seguir haciéndole ver que puedes ayudarle con tus productos y servicios.

## «IMAGINA QUE... / ¿CÓMO TE SENTIRÍAS SI...?»

Las personas tomamos la misma decisión de compra dos veces: la primera cuando nos visualizamos a nosotros mismos dándole uso a eso que estamos pensando comprar y la segunda cuando lo compramos. ¿Cuál crees que es la importante? La primera, desde luego. Vender es conseguir que el cliente viaje al futuro y vea que todo será mejor si usa nuestro producto. Usar el precio como palanca motivacional para que el cliente nos compre no es vender, es presupuestar.

Si conseguimos que nuestro cliente visualice las ganancias monetarias, personales o experienciales que tendrá al usar eso que vendemos, el precio pasará a un segundo lugar. Ahora entiendes por qué en algunas reuniones de venta el cliente nos pregunta rápidamente por el precio: porque no hemos conseguido que se visualice a sí mismo usando nuestros productos. En el mejor de los casos, en su mente nos está comparando con otros y será el precio quien decida. Tener una reunión para eso es una pérdida de tiempo, hubiera sido mejor enviarle el presupuesto por *e-mail*.

Frases con esos inicios son activadores de la motivación y nos dan pie a que nuestro cliente se imagine acercándose a aquello que quiere o alejándose de aquello que no quiere perder. Las personas tomamos decisiones basándonos en aquello que nos hace sentir bien. Con esas preguntas le hacemos viajar al cliente al resultado de que nos compre y cómo se sentirá.

## «SUPONGO QUE TODAVÍA NO...»

Esta frase es muy útil en llamadas o *e-mails* para hacer seguimiento de una propuesta que le hemos enviado y no sabemos si le gusta. O de una consulta que le hemos hecho y de la que aún no tenemos respuesta.

Es una forma de recordarle a un cliente que se había comprometido a hacer algo y no lo ha hecho. Estamos por tanto a la espera y las personas no están tranquilas sabiendo que hay otras esperando algo de ellas.

También sirve para hacerle ver al cliente que somos responsables y que para nosotros tanto él/ella como su empresa representan una gestión importante. Hay veces que un vendedor se ha llevado un pedido o acuerdo porque los otros dos que presupuestaron nunca hicieron ni una llamada de seguimiento.

## «EL SIGUIENTE PASO ES...»

Esta frase ayuda a no quedarse estancados, a darle continuidad antes de que se enfríe la conversación.

Una vez percibimos que el cliente está satisfecho con nuestra propuesta y que desea contratar nuestro producto o servicio, no cerremos la reunión ni demos la venta por concluida. Es el momento de explicar cuál es el «siguiente paso» y atar al 100 % su compromiso de comprarnos. Este paso puede ser firmar un presupuesto, enviar un documento, agendar una última reunión, etc.

No le preguntemos al cliente qué quiere hacer, perderemos el control de la conversación y, por tanto, de la venta. Digámosle cuál es el siguiente paso.

## «CREO QUE NOS PARECEMOS UN POCO / CREO QUE TENEMOS MUCHO EN COMÚN»

Estas frases nos ayudan a que casi cualquier persona esté más de acuerdo con nosotros que lo contrario de aquello de lo que estemos hablando. Siempre que la conversación que pongamos encima de la mesa sea razonable, claro.

Con personas que nunca nos han comprado y con la que, por tanto, es posible que tengamos poca relación, estas frases son muy importantes y deben usarse antes de hablar de los beneficios de nuestros productos.

El motivo es que tenemos que entrar en sintonía con nuestro cliente, que vea que estamos alineados. Las personas usamos productos, pero contratamos a proveedores y no solemos estar a gusto contactando y conversando con vendedores con los que no tenemos nada en común.

## «LO BUENO ES...»

Al decir «Lo bueno es...» estamos etiquetando nuestro valor diferencial, aquello por lo que se nos tiene que comprar. A partir de ese momento es casi imposible que la persona con la que conversamos pueda suprimir esa etiqueta.

Sirve para darle la vuelta a una conversación negativa en la que vamos perdiendo energía, y dirigirla hacia el optimismo.

## «SUFICIENTE»

Si pregunto con rotundidad si ocho unidades son suficientes, el cliente podía estar en la duda de si con seis es suficiente o si de verdad necesita tantas como ocho. Pero nosotros le resolvemos esa duda y a nuestro favor, claro. Incluso aunque el cliente dijera «con ocho sobra», se forma un acuerdo por el cual le podemos servir esa cantidad que le hemos propuesto. Estamos guiándole al cliente a tomar una decisión sobre la cantidad de un elemento.

## «CUÁNDO TE IRÍA BIEN QUE...»

A través de estas palabras demostramos que la negativa no es una opción y que vamos a seguir intentándolo. Damos por hecho que, antes o después, habrá un buen momento para concertar la reunión, probar el producto o hacer el primer pedido.

Con estas preguntas tan concisas intentamos evitar la excusa u objeción de los clientes de «No tengo tiempo».

## «QUÉ PREGUNTAS TIENES PARA MÍ»

La típica cuestión de «¿Tienes alguna pregunta?» no funciona porque muchas veces significa que se ha acabado la reunión y, por tanto, la venta. El cliente da por finalizada la conversación. Y nuestra labor como vendedores es saber más, obtener más información y que el cliente nos siga contando sus necesidades.

## «LA MAYORÍA DE LAS EMPRESAS / LA MAYORÍA DE NUESTROS CLIENTES»

Lo que te voy a explicar ya lo sabes. Pero no sirve de nada saberlo si no aplicas técnicas de venta vinculadas con este concepto. A las personas nos gusta seguir a los demás, ser parte de algo más grande que nosotros, pertenecer a una tribu.

Muchas veces no tomamos una decisión por miedo a ser los primeros, equivocarnos, quedar en ridículo. Nos apetece comprar un producto o usar un servicio, pero hasta que no vemos que otras muchas personas ya lo hacen, no nos atrevemos.

Elimina por tanto esos miedo e inseguridades de tus potenciales compradores haciéndoles ver que la mayoría de tus clientes o casi todas las personas como él/ella ya usa eso que tú vendes.

# CAPÍTULO XIV

# Palabras que te hunden la venta

*Cuando todo es fabuloso, nada es fabuloso.*

Siendo director comercial, llegó una frase a mis oídos de las que son útiles de verdad: «Cuando todo es importante, nada es importante». Hay muchos directores y muchas directoras de equipos y gerentes que entran en esa espiral de que todo lo que dicen o piden es siempre superimportante hasta el punto de que al equipo ya le da igual. Ya no le creen. Ya no saben distinguir entre algo importante y algo que no lo es.

Por eso, formadores y consultores llegamos a las empresas para explicar cosas similares a las que dice la gerencia, pero a nosotros sí que nos creen.

Pues con las reuniones de ventas ocurre lo mismo: «Cuando todo es fabuloso, nada es fabuloso».

Si para describirle tus productos/servicios a tus potenciales clientes siempre usas exageraciones como *fabuloso, sensacional, fantástico, inigualable, increíble, espectacular* y similares, te estás pegando tú solito un tiro al pie. Ahí es cuando se le encienden todas las alarmas a tu cliente. Se ha dado cuenta de que le estás vendiendo.

Te invito a que sustituyas esas expresiones huecas por palabras positivas y de calado profesional para relacionar tus productos y servicios. Por ejemplo: *calidad, prestigio, comodidad, confort, seguridad, eficacia, resistencia, innovación, máximo, ventaja, beneficio, estudiado, analizado, avalado, facilidad, recomendado, garantizado*, etc.

¿A que, vendas lo que vendas, casi todas esas palabras encajan bien con la explicación de eso que vendes o haces? Son palabras mágicas: úsalas y te acercarán al cierre de pedido. O al menos deja de usar esas otras que ahuyentan a los clientes.

Existen además otras palabras, frases y expresiones que de primeras no parecen relevantes, pero que sí tienen un peso importante en el subconsciente de nuestro cliente cuando queremos convencerle de que invierta su tiempo y dinero en nosotros.

No uses, por ejemplo, palabras negativas como *difícil, caro, no, barato, desgraciadamente, nunca, jamás, problema, riesgo, inconveniente*, etc. Un ambiente conversacional de negatividad y dificultad no ayuda a establecer una conexión de seguridad y tranquilidad con la persona con la que estás hablando.

Tampoco suman expresiones «vacías» como *es decir, quiero decir, de cualquier forma, por decirlo así, según las circunstancias*, etc. Generan más incertidumbre que confianza.

En cuestiones de precio, no se trata de si es caro o barato. Te invito a que sustituyas esas palabras por *razonable, accesible, asequible en relación calidad/precio*, etc.

Y ojito con aquellas conversaciones que se complican. Si surge un conflicto, da igual que la culpa la pueda tener el cliente. No uses términos como *eso no es cierto, eso es mentira, estás equivocado*, etc., si es que quieres mantener la relación con esa persona.

# PARTE II. APRENDE A CERRAR CON ÉXITO TUS REUNIONES DE VENTA

# CAPÍTULO XV

# La preparación de la reunión

*No te engañes a ti mismo diciendo que hay vendedores que tienen el don de la improvisación: tienen el don de aprender de los errores y prepararse las reuniones.*

Y llegó la hora de reunirte con tu cliente. Si te gusta vender, es además el momento que estabas deseando. Y, si no te gusta vender, seguro que, por lo menos, eres consciente de que es el momento que estabas necesitando.

A no ser que tengas un modelo de negocio 100 % *e-commerce*, la reunión con tu potencial nuevo cliente es la oportunidad que tienes para diferenciarte de la competencia. Recuerda que ahí afuera hay cientos de miles de productos como el tuyo, pero que tú sí eres único. Así que, cuando antes de cada reunión pienses qué producto debes venderle a ese cliente con el que vas a conversar, piensa que el producto eres tú.

Y, por favor, prepárate la reunión. La diferencia entre un vendedor y un buen vendedor reside principalmente en esta cuestión. Si lo que ocurra en una reunión de ventas ya es de por si una acción imprevisible, si no te la preparas, aún lo será más. Y no te engañes a ti mismo diciendo que hay vendedores que tienen el don de la improvisación. Yo te diría que tienen el don de aprender de los errores y prepararse las reuniones. Espero que estés de acuerdo conmigo en que, cuanto más entrenamiento, mejores reflejos.

Te recomiendo que, como mínimo, tengas en cuenta las siguientes cuestiones antes de ir a ver, llamar o enviar un *e-mail* a un cliente o potencial nuevo comprador.

## ¿PARA QUÉ QUIERO CONVERSAR CON ÉL?

Lo primero es tener claro el propósito de esta acción. ¿Se trata de hablarle de algún producto o servicio con el que pueda aumentar mis ventas con una acción de *cross-selling*? ¿Necesito renegociar alguna condición comercial? ¿O se trata tan solo de una visita de cortesía que afiance la relación?

Toda reunión requiere de una estrategia, pero no tendría sentido diseñarla sin saber por qué y para qué quiero emplear mi tiempo en este cliente. Y ojo, hablamos de la relevancia de invertir nuestro tiempo, pero igual de importante es ser conscientes de que, si vamos a robárselo al cliente, que sea para generarle valor.

Cuando una persona a la que queremos vender no nos permite visitarla por segunda ocasión, muy posiblemente es porque en la primera reunión sintió que le hicimos perder el tiempo. Y digo muy posiblemente porque nunca lo sabremos del todo. A los clientes les cuesta mucho ser asertivos y decirnos la verdad. Nos dirá que va fatal de tiempo o que no necesita ese tipo de producto que nosotros comercializamos. Y sí, la mayoría de los vendedores prefieren creerle y pasar página.

## ANÁLISIS DEL CLIENTE

No hagamos nada sin datos. Puedo tener claro el propósito que hace que quiera venderle a ese cliente. Pero ni diseñes la estrategia que vas a emplear en la conversación ni inicies la reunión sin haber revisado los datos externos e internos relacionados con la persona y empresa a la que te vas a dirigir. Por datos internos me refiero a la información que tengas en tu *software* de gestión de clientes o CRM. Y, si no lo tienes, alguna herramienta de facturación sí debes emplear. Revisa qué, cuánto y cómo te compra. Revisa cuál es su peso en la cuenta de resultados de tu empresa y analiza su potencial, con lo que me refiero al resultado de aquello que te compra menos lo que le compra a otros.

Y no solo se trata de datos de ventas. También hay que revisar cuál es su histórico de incidencias o reclamaciones, y tener bien claro quién toma las decisiones. Hay veces que nos reunimos con el usuario del producto que vendemos, pero resulta que luego no es quien tiene la última palabra.

Por datos externos me refiero a qué fabrica, qué ofrece, qué tipo de clientes tiene (cuál es su mercado), cuáles son sus motivaciones habituales de compra, cuál es su competencia, por qué nos compra, qué tenemos nosotros que le pueda diferenciar de su competencia, cuál es nuestra competencia, cuántos clientes hay como él en nuestra zona geográfica de ventas, etc.

## MATERIAL PARA EMPLEAR DURANTE LA REUNIÓN

¿Qué herramientas vas a usar para persuadir a tu cliente de que tú eres el mejor proveedor posible para sus necesidades? ¿Vas a enseñarle una presentación en herramientas tipo PowerPoint o Canva? ¿Llevas un producto de muestra? ¿Vas a hacerle una demo de algún *software*?

Sea lo que sea, llévalo bien estudiado y preparado. Asegúrate de que todo va a salir bien. En cuanto tropiezas y algo no funciona a la primera, se para, no lo encuentras, etc., el cliente pierde la concentración y, lo peor de todo, tú pierdes otra cosa: tu autoridad.

Por otro lado, yo soy partidario de usar las menos herramientas posibles. Sí que es cierto que muchas veces necesitamos acompañarnos de una presentación o vídeo o demostración del *software*. Pero te aconsejo que no abras el portátil o enseñes el producto a los cinco minutos de empezar la reunión porque entonces le estarás cediendo todo el protagonismo al producto y ahí te lo estás jugando todo a una carta: o el producto le gusta o no. No te está contratando a ti como proveedor, sino que está eligiendo el producto. En cuanto aparezca un vendedor de la competencia que sí tenga la habilidad de conectar con el cliente, serás reemplazado.

## ARGUMENTARIO DE LA COMPETENCIA, TENDENCIAS DEL MERCADO Y POSIBLES OBJECIONES

A no ser que seas un «vendedor técnico» al que le encante el producto que vende, esta fase puede ser la más tediosa de preparar. ¿Sabes, amigo vendedor, por qué hay reuniones en las que sufres y estás deseando que se acaben? Porque el cliente te está haciendo comentarios de la competencia que no puedes rebatir porque es la primera vez que los escuchas. Porque te está hablando de hacia dónde se dirige el mercado en el que ambos os encontráis y te cuesta disimular que no tienes ni idea. O porque te ha lanzado una objeción a los cinco minutos de la reunión que ha sido como un puñetazo en el estómago porque no has tenido ganas de prepararte qué barreras de entrada podrías encontrarte.

Así que, ya sabes: revisa qué productos de la competencia usa tu cliente y estudia sus fortalezas y debilidades. Estate al día de las novedades y tendencias del mercado en el que te encuentras. Y no des por fácil ninguna reunión, pues te puede salir una objeción cuando menos te lo esperes.

CAPÍTULO XVI

# Las tres fases de una reunión de ventas

*Hay expertos que saben y vendedores que venden: el vendedor conoce qué debe hacer para influir en la toma de decisiones de su cliente; el experto demuestra su elevado conocimiento del producto.*

Una reunión de ventas siempre va a tener tres fases: venta, argumentación del producto y cierre. Sí, una reunión siempre se cierra y hay que saber cómo hacerlo. A veces se cierra con acuerdo, y otras sin acuerdo. En algunas ocasiones se negocia y en otras no. Y, si bien es cierto que en una primera reunión comercial suelen darse las partes de la venta y de la argumentación del producto, es posible que no se negocie hasta una o dos reuniones después.

## 1.ª FASE. TE VENDES TÚ: ES EL MOMENTO DE CONECTAR CON TU CLIENTE

Antes de empezar a hablar de tu producto, tu cliente ya debería haberte elegido. Otra cosa es que a última hora te pases con el precio.

Una reunión de ventas empieza, nunca mejor dicho, vendiendo. Y por *vender* me refiero a todo aquello que ocurre antes de que te pongas a describir qué hace el producto o servicio que comercializas. Te vendes tú y por *venderse* me refiero a conectar y gustar. Es saber cuándo hablar y cuándo escuchar. Qué decir y cómo decirlo. Si para vender siempre necesitas hablar de tu producto, a lo mejor no eres un vendedor, sino un experto en la materia. Conocer la diferencia es importante.

Sinceramente, a los clientes les da igual que seas un experto hasta el momento en el que el producto o servicio que te han comprado se estropee o deje de funcionar. Ahí sí quieren al que lo sabe todo. Antes de eso, lo que necesitan es sentirse escuchados y comprender fácilmente que eso que vendes les va a hacer crecer, ser mejores, ganar más dinero, ser más vistos, tener mejor estatus, adelantar a la competencia, etc. Para esto requieres de una conversación, no de un monólogo explicativo de tu producto.

Los clientes ya no quieren ni ayudas ni acompañamientos. Quieren usar productos y servicios que les consigan aquello que necesitan, que trabajen por ellos, que les ahorren tiempo. Eso de «Te ayudo a...», «Te acompaño en tu...» ya no sirve. Antes de que hables de tu producto, los clientes necesitan comprobar si eres de los que ayudan o de los consiguen cosas. Y eso no depende del producto, depende del vendedor, o sea, de la persona: tú. Los clientes saben que hay vendedores que suministran producto y que hay proveedores que acompañan a las empresas en su día a día.

Aquí tienes que poner en práctica todo lo que has leído en este libro hasta el momento. Se trata de la fase más importante de la reunión porque antes de empezar a hablar de tu producto, tu cliente ya te debe haber elegido. Si crees que el producto es la estrella de la reunión y que te compran por lo bueno o barato que es, vas mal. Sufrirás en cada presupuesto que entregues porque a la mínima que tu cliente encuentre un producto un poco mejor o más económico, lo perderás. Es lo que ocurre cuando te escondes detrás de eso que vendes y le cedes todo el protagonismo. Lo curioso de los vendedores que usan esta estrategia es que si venden, es gracias ellos y, si no, es por culpa del producto.

Me estoy refiriendo a que, cuando empieces a hablar de tu producto, tu cliente ya debe estar pensando en que le gustas. Le puedes gustar tú por lo que dices, por cómo lo dices, por lo que explicas de tu marca, por lo que hacéis en tu empresa y cómo lo hacéis, etc. Tienes que conseguir captar toda su atención. Si tu comprador te etiqueta en su mente como otro vendedor más, apenas va a escuchar eso que tengas que contarle sobre las características y funcionalidades de tu servicio o material. Recuerda que puedes ser la tercera o cuarta persona del día que ha ido a venderle y que todos habéis ido con propuestas casi clonadas. Si tu producto hablara te diría: «No me cargues a mí el muerto, si quieres tener éxito, véndete tú».

**Autostop**

*Los clientes usan productos, pero contratan a proveedores.*

En esta primera fase de la reunión es cuando debes empezar a persuadirle al cliente para que se suba en tu coche. Imagina que vas por la carretera y ves a tu potencial cliente andando por el arcén y haciendo autostop. Paras a su altura y ¿qué es lo que le preguntas? Le preguntas «¿Adónde te diriges?».

Si esta persona está andando por la carretera es porque huye de un sitio para llegar a otro mejor; las empresas igual. Los gerentes y directores hacen que sus empresas estén en continuo movimiento para dirigirse hacia esos sitios en donde puedan crecer, facturar más o quizá simplemente sobrevivir, que no es poco.

El autostopista te responde con el destino al que se dirige, pero no seamos ingenuos, no se va a subir con el primero que pare. Este viaje es muy importante para él y quiere llegar lo antes que pueda. O quizá no es una cuestión de prisa, sino de contar con un vehículo que le sea cómodo porque se encuentra muy agotado. Puede ser que nunca haya hecho autostop y necesite tener la seguridad de que se sube con alguien que parezca confiable. La velocidad o el confort es lo de menos. Por último, su objetivo puede ser elegir a un conductor que tenga la flexibilidad de desviarse ligeramente de su camino para recoger a un amigo que también está caminando hacia el mismo destino.

Así que ¿cómo vas a persuadirle para que te elija y quiera subirse a tu vehículo? Con la segunda pregunta. Si la primera era «¿Adónde vas?», la segunda es «¿Qué te lo impide?» o «¿Qué dificultades tienes?» o cualquier otra con la que te sientas cómodo, pero que le haga hablar de los problemas que se está encontrando en su peregrinación.

Y es que nosotros, los vendedores, solo vamos a ser elegidos si sabemos hacia dónde se dirigen nuestros clientes, conocemos las dificultades con las que se están encontrando y mostramos que tenemos las herramientas que ellos necesitan para superarlas.

Que yo disponga de un coche no quiere decir que tenga que subirse a él. El autostopista, al igual que los clientes, no es tonto y ha elegido andar por una carretera con mucho tránsito, así que, si no le gusto, me dará las gracias, pero esperará al siguiente conductor que pare.

Creerás que será imposible que se niegue a subir si le dices que tu coche es rápido a la par que cómodo, que tienes carné desde hace más de veinte años y que dispones de flexibilidad para desviarte un poco de tu camino si fuera necesario. Pues no. Que de repente pare un coche, o sea, un vendedor, y le suelte que todo es tan bonito y fácil le va a producir inseguridad y rechazo. Cuando todo es fabuloso, nada es fabuloso. Y recuerda, es un viaje tan importante para él o ella que no se puede permitir elegir mal. Mejor se esperará al siguiente coche.

Es más fácil que todo eso. No le hables de ti y de todo lo que tienes, que hable él y de lo que necesita. Pregúntale tan solo qué le está impidiendo llegar a tu destino y respóndele con solo aquello que necesite escuchar. Si él va con prisa, dile que tú también la tienes. Si necesita un vehículo en el que descansar, háblale de tus asientos calefactados. Si lo ves con dudas, enséñale tu carné para que vea su antigüedad. Si necesita desviarse, dile que eso no es problema.

Una dificultad, una solución. Eso es vender.

**Los pequeños detalles venden más de lo que crees**

*Muchos vendedores invierten tiempo y dinero en aprender técnicas de venta, pero los clientes basan sus decisiones en aquello que entienden: el comportamiento del vendedor.*

Hay decenas de detalles que venden. Y, aunque parezcan menores y los conozcas, les voy a dedicar unos párrafos porque en la fase de vender tienen mucha más influencia de persuasión que la mejor funcionalidad u oferta de aquello que vendas.

A algunos y algunas de los que estáis leyendo este *e-mail* os va a parecer extraño que vaya a dedicarle tanto espacio a estos conceptos cuando existen metodologías de venta que suenan importantes, como los llamados SPIN, SANDLER, LEAN SALES, SNAP, AIDA, etc. Pero ¿se va a fijar tu cliente en qué método usas para venderle y si te sale bien o mal? ¿O se va a fijar en tu puntualidad, en cómo vistes y tu manera de estar? Las personas compramos aquello que entendemos. Y, en general, no sabemos de métodos de venta que siempre son iguales, pero cuyas siglas cambian cada cierto tiempo para parecer que son nuevos. De lo que entendemos las personas, y mucho, es de analizar el comportamiento de las demás personas con las que tratamos, aunque apenas las conozcamos.

He sido durante muchos años vendedor (y lo sigo siendo), pero también director comercial. Para mí, fue más impactante el paso de vendedor a director que de director a emprendedor. Y es que cuando eres director comercial, tu éxito ya no depende de ti, sino de tu equipo y de la habilidad que tengas para fichar a los nuevos vendedores o vendedoras que necesites. Siempre tuve muy claro una cosa: nunca permitiría que su comportamiento ante los clientes me fuera a dejar en mal lugar tanto a mí como a la empresa.

Recuerdo que, en muchos procesos de selección que realizaba llegaban, vendedores cuyos *curriculum vitae* era de mucho nivel. Demostraban experiencia, conocimiento del mercado y habilidades «técnicas» de venta. Eso me gustaba. Pero veía que ciertas cosas de su comportamiento iban a dificultar la conexión con el cliente y que, por tanto, flojeaban en habilidades «humanas» de venta. Como esos vendedores tenían que gustarles a los clientes de la empresa para la que trabajaba y no a mí, los descartaba.

Da igual que hablemos o no de ventas. Lo difícil en el mundo de la empresa y de los negocios es conectar con las personas que consideres que son importantes para ti, ya sean clientes, proveedores, *partners*, inversores o accionistas. Si dispones de esa habilidad, te quiero en mi equipo. Si lo que te faltan son conocimientos técnicos o metodologías de trabajo, eso se aprende rápido.

**APRENDE A VENDERTE: EL PRODUCTO ERES TÚ**

Insisto, hoy en día los productos no fallan y hay muchísimos comerciales en la calle intentado vender. Detalles como los que vas a leer a continuación son intrínsecos a la persona y marcan la diferencia, sobre todo, cuando el cliente busca una relación de largo recorrido con el vendedor. Piensa que es una persona quien elige si nos compra a nosotros o a otros, por lo que están buscando continuamente señales que les digan si somos o no confiables.

## Si llegas tarde, avisa

Mi padre fue vendedor, responsable de una oficina comercial y *freelance*. Hubo un tiempo en el que solo había teléfonos fijos. Para saber si algún cliente había llamado preguntando por él, debía bajar del coche, buscar una cabina en la calle y llamar a la empresa. Más tarde empezó a llegar la tecnología y tú mismo te podías llamar por teléfono a tu propio contestador del teléfono fijo para escuchar los mensajes que te habían dejado. Yo era pequeño y a mí eso me alucinó.

Más tarde le dieron un busca que sonaba cuando la empresa tenía algo importante que decirle y no le podían localizar. Al oír ese pitido, él sabía que debía buscar un teléfono y llamarlos, y es que, quizá, querían decirle que acababa de entrar por el aparato del fax ese pedido tan importante que estaba esperando. Sí, eso era lo más parecido a un *e-mail* entrando a tu bandeja de entrada. Para colmo, todas esas llamadas tenían coste. Suena a película de humor, ¿verdad?

Ahora todo es muy distinto y fácil. ¿Qué dificultad tiene enviarle un wasap a un cliente para decirle que te retrasas cinco o diez minutos y pedirle disculpas por ello? Ni siquiera tiene coste. Vergüenza debería darte no hacerlo.

Tanto si es la primera reunión que tienes con esa persona como si es un cliente de muchos años, estoy convencido de que tiene muchas más cosas que hacer además de esperar a que llegues. ¿Qué cuesta avisarle con educación de tu retraso? Nada. ¿Qué te puede costar el no hacerlo? Mucho.

Clientes y proveedores vamos con las agendas muy apretadas hoy en día porque hemos creado un mercado socioeconómico que nos obliga a estar en continua acción si queremos sobrevivir. Llegar tarde sin avisar es un motivo por el que tu cliente, lícitamente, puede enfadarse, aunque no lo demuestre. Si llega a saber que ibas a llegar tarde, habría aprovechado para otras cosas.

Y, si no se molesta, es peor para ti: preocúpate. El enfado y la queja son los vehículos con los que las personas mostramos nuestro interés y compromiso. Si le da igual que llegues tarde o que vayas otro día, plantéate si para tu cliente eres un vendedor al que le compran de vez en cuando o su proveedor de confianza. Si eres lo primero, estás en la cuerda floja.

## ¿Cómo te vistes?

Sigamos con la forma de vestir. Estás vendiendo, no te estás tomando cervezas con amigos. Mi opinión es que, si quieres tener éxito, debes vestir de forma similar a como lo hacen tus clientes. No hablo de vestir ni peor ni mejor que ellos. Yo no entiendo de moda y no sabría decirte qué es bonito o feo. Solo digo que el primer paso para una venta es que el cliente te quiera atender. Que tu forma de vestir no sea un impedimento para ello.

¿Tus clientes suelen ir con pantalones tipo chinos y tú vas con vaqueros? Vale. ¿Tus clientes suelen ir con camisa y americana y tú pasas de las americanas? Vale. Luego no te quejes de tus resultados.

Nos guste o no, se nos juzga por muchos motivos y uno de ellos es por la ropa que usamos. En, sobre todo, una primera reunión con un potencial nuevo cliente, este se va a fijar de forma inconsciente en multitud de pequeños detalles sobre tu persona.

Piensa que, antes de que termine la reunión, seguro que le dejas información sobre tus productos y que, antes o después, le dedicará un tiempo a ver tu web y las de tu competencia. Tu producto no es lo urgente. Ese primer encuentro es el momento, para tu cliente, de fijarse en todo aquello que tú transmitas. Y, a través de la ropa que lleves, se va a hacer un retrato robot de cómo eres como persona y cómo debe ser la cultura de la empresa a la que representas.

Recuerda que las personas se encuentran más cómodas colaborando con otras de su misma tribu, y la forma de vestir da muchas indicaciones de a cuál pertenecemos. Podría ocurrirte que eres tú el que va con americana y quizá, hasta con corbata, pero tus clientes van más informales. ¿Eso qué significa? Significa lo mismo que acabo de explicarte: la clave no está en cómo quiero vestir yo, sino en tener un estilo similar al que usen mis clientes.

## El momento de la espera

Las reuniones con los clientes pueden producirse en diferentes lugares: en su empresa, en la tuya, en una cafetería, en un restaurante, en una sala de reuniones de un *coworking*, etc. Pero es bastante común que se realicen en las instalaciones del cliente, sean del tipo que sean, y que, una vez lleguemos, preguntemos por la persona con la que nos vamos a reunir y debamos esperar en la misma recepción o quizá en una sala. No esperes, por favor, a tu cliente desparramado en las sillas o sofás que haya en ese lugar. Has dormido tumbado y seguramente has llegado hasta allí conduciendo el coche, no empujándolo. ¿Tan mal vas de energías?

Yo he sido vendedor muchos años, pero también he sido director comercial, miembro de comité de dirección, he tenido que tomar decisiones de negocio y he recibido y contratado a proveedores necesarios para ejecutar las estrategias que fueran necesarias. Esto te lo hago saber para transmitirte que no es lo mismo entrar en la sala de tu empresa y encontrarte a una persona de pie que a otra sentada. La primera da la impresión de estar preparada para empezar, con energía y predisposición. La segunda está cómoda, bien, si tiene que esperar cinco minutos más, no pasa nada, le da un poco igual.

Si tengo que invertir mi dinero en uno de ellos dos es porque necesito transformar algo de mi organización que debe mejorar y seguramente esté preocupado. No me gasto el dinero porque sí, de modo que me gusta colaborar con personas que percibo que tienen tanta predisposición de ponerse manos a la obra como las que puedo tener yo. Las que muestran que no tienen muchas ganas ni de empezar la reunión generan en mí un impacto bastante diferente.

Esto no lo digo solo yo, lo dicen muchos de los que asistís a mis formaciones. Para explicar ciertas técnicas de negociación, pongo en mis sesiones un fragmento de una famosa película en donde se produce una negociación. Esta empieza mostrando el momento en el que el cliente va a la recepción a recibir al vendedor y luego pasan al despacho para empezar a negociar.

Cuando al acabar el vídeo pregunto por aquello que más ha llamado la atención, algunos de los asistentes remarcan la mala imagen que da el vendedor por la forma en la que está esperando a ser atendido. En la película ponen un primer plano de la cara del cliente para detallar cómo cambia su expresión al ver a ese vendedor en su sala de espera.

Algunos de vosotros me preguntáis cuánto tiempo hay que esperar de pie. Pues no lo sé. Yo siempre he esperado de pie los primeros cinco o diez minutos. Si la reunión era concertada y yo he llegado puntual, esperar más de diez minutos no me parecía correcto, y me sentaba. Y si a los veinte minutos seguía esperando, le pedía con educación al recepcionista que por favor contactara con la persona con la que tenía agendada la reunión y le preguntara que, si por el motivo que fuera iba a tardar aún más, que yo debía irme y proseguir con mi agenda del día. Nos tenemos que hacer valer y respetar, de modo que el retraso injustificado de un cliente no debe hacer que lleguemos tarde al resto de las reuniones.

## ¿Sin nada en las manos?

Rara vez verás a un vendedor entrar a una reunión sin nada en las manos, y raro quedará si lo haces.

Supongamos que tú eres uno de los que va a ver a un cliente o potencial nuevo cliente sin más que la ropa que llevas puesta. ¿De verdad no necesitas apuntar nada? ¿O es que no esperas nada de esa reunión? En ese caso, ¿para qué has ido? Y lo peor: esto mismo también se lo podría preguntar el cliente al verte. Entrar sin una agenda o un bloc o una funda portadocumentos o una tableta o un portátil, etc., queda extraño. Parece que has ido de visita y no de trabajo.

Ah, ¿que de apuntar algo lo haces en el *smartphone*? Me parece bien, pero lento. Puede generar cierta desconexión. Las notas en una reunión deben ser breves y muy rápidas porque no quieres frenar el ritmo de la conversación ni hacer que el cliente deje de hablar. Se trata de escribir los dos o tres datos más importantes que no puedes olvidar y ya más tarde en la oficina (o incluso en el coche antes de arrancar) acabarás de escribir el resto para que acabe teniendo sentido.

No me preguntes por qué, no tengo todas las respuestas. Pero cuando tomamos notas en una agenda o tableta, la sensación es de fluidez. Cuando lo hacemos en un *smartphone*, los clientes empiezan a callarse o a hablar más despacio como si estuvieran dictándote la lista de la compra. Estaban explicándote las frustraciones de lo que les ocurre y necesitan ser escuchados. Pero te pones a escribir con los dedos en el móvil y te ven tan concentrado en no equivocarte de teclas que pasan a dictarte lo que necesitan. Y es una pena, porque vender trata de conversar con tus clientes para que entiendan que tus productos eliminarán esas frustraciones de las que te estaban hablando.

¿Y sabes otra cosa buena que tiene llevar algo en las manos? Pues que no las acabarás metiendo en los bolsillos. ¿Hace falta que te explique la imagen que eso genera? Por si acaso, te lo digo: queda fatal. Y te digo otra cosa, si es tu cliente quien las mete mientras te habla, mi sexto sentido me diría que no debe de ser muy importante eso que te cuenta. Las personas comunicamos más con nuestro movimiento corporal que a través de la elección de las palabras que empleamos. Si hablo con las manos en los bolsillos es que no quiero hacer el esfuerzo de hacerme entender.

Muchos de los lectores de este libro sois expertos en ventas, pero sé de lo que hablo. Hago muchas mentorías de estrategia comercial a *startups* y empresas de reciente creación e, independientemente de la edad de sus directores, son todos comerciales *juniors*. Y, cuando tuve equipos de venta, vi de todo, os lo prometo.

APRENDE A VENDERTE: EL PRODUCTO ERES TÚ

Y lo más importante: yo también metí las manos en los bolsillos una vez y mi jefe me explicó por qué no debía hacerlo. Nunca más lo volví a hacer. Con el paso del tiempo me vi a mí mismo casi caer en la tentación de meterlas nuevamente y comprendí lo que significaba: que la reunión estaba dejando de tener sentido, al menos para mí. Los vendedores también debemos reconocer cuándo debemos cerrar una reunión de la que no vamos a extraer ningún beneficio.

**El inicio de la reunión de ventas**

El inicio de la reunión puede ser el momento más importante y complicado de una venta. Si no te lo parece es que no lo estás haciendo bien.

Si empieza la reunión y lo primero que le dices al cliente es «Qué buen día hace para ser invierno», pues qué quieres que te diga. Es un inicio igual de flojo como ese en el que le dices «Cuánto tráfico hoy» o le hablas de lo fácil o difícil que te ha sido aparcar. Al cliente le dan igual tus opiniones a no ser que además de tu cliente sea tu suegro. Y, si yo fuera tu suegro, estaría preocupado por el futuro de mis nietos. Si justo después de ese tipo de frases te pones directamente a hablar de tu producto, normal que no le encuentres dificultad a los inicios de las reuniones. Lo que tampoco creo que encuentres serán los pedidos.

Yo me preparo más lo inicios de las reuniones que la explicación de mis servicios y productos.

No olvides que los clientes son personas y, como tales, tenemos una capacidad de atención limitada y nuestra energía se va consumiendo. Cuanto más tarde en el día sea la reunión, más probable es que la calidad del encuentro sea peor. Es por esto por lo que una estrategia habitual de cualquier *Homo sapiens* es la de prestar atención al principio de la historia, descansar durante la parte central y volver a concentrarnos para entender el desenlace cuando percibimos que llega el final.

Dicho de otro modo: los clientes van a estar muy interesados en nosotros al principio de la reunión. Están en un pico de energía superior al que tienen incluso en las habituales fases finales de la negociación porque en ellos prima la curiosidad de saber quiénes somos (si es una primera reunión) o saber el motivo por el que les hemos pedido vernos (una novedad de producto, una promoción, etc.).

Sabemos que habrá un momento valle, en donde se tomarán un descanso, para volver a prestar atención cuando vean que estamos terminando de hablar de nuestro producto y que el fin de la reunión se acerca.

Así que, ya sea que es la primera vez que nos vemos o que se trate de un cliente con el que tenemos menos relación, en los primeros diez minutos de conversación debemos ganarnos la autoridad y generar la conexión suficiente como para captarle la atención y mantenérsela el mayor tiempo posible, que decida poner toda su energía en nosotros y no en la reunión que tenga después.

Si no te lo crees, piensa en lo que te voy a decir. Más de una vez te has puesto a explicar tu producto, pero tu cliente apenas movía una ceja y lo único que emitía por su boca era un sonido del tipo «Haaah», «Mmm», «Ejem», etc. Además, en cuanto has parado de hablar medio segundo para respirar, el muy canalla ha aprovechado la oportunidad para pedirte un presupuesto. No solo los vendedores tenemos técnicas de venta. Los compradores también tienen sus trucos para terminar reuniones que no les interesan, como es esta de pedir un presupuesto aunque no hayan acabado de escuchar qué es lo que hace ese producto del que hablas.

A mí sí me ha pasado y sé que esto está ocurriendo porque no he captado su atención en los primeros diez minutos de reunión. En ese espacio de tiempo inicial es cuando el comprador decide si soy uno más de ese montón de personas que va a venderle cualquier cosa todas las semanas o si soy diferente y merezco disponer de una atención especial.

## Cómo y dónde iniciar la reunión de ventas

*Una buena reunión de ventas empieza en tu oficina estando a solas contigo mismo.*

En efecto: si quieres dejar huella desde el minuto uno de la conversación con tu cliente, llévate preparados temas que de verdad puedan interesarle. Recuerda que hablar del tiempo es bastante vulgar a no ser que precisamente ese día haya habido un tornado.

Si tu cliente es una empresa, entra en su web y busca en internet noticias relacionadas con su negocio e incluso el de su competencia. Puede ser que acabe de inaugurar una nueva tienda, que esté expandiéndose con una nueva fábrica o que acabe de conseguir un premio empresarial. Ahí sí que tienes buenos temas con los que abrir la conversación. Pero no te quedes ahí. Busca su perfil en redes sociales y descubre qué *hobbies* tiene y qué actividades ha realizado recientemente. Podría haber publicado que ha asistido a un evento en el que tú también estuviste. Ya tienes otra buena oportunidad conversacional.

Puedes decirme que no te gusta sacar a la luz cuestiones personales de tu cliente y que prefieres no usar esta técnica de venta; si la persona con la que te vas a reunir no quisiera que le hablaran de estas cuestiones, no las colgaría en sus redes sociales. Opino, por tanto, que es una excusa que te pones a ti mismo para no intentarlo. Sé que a muchas personas les da más miedo fallar que disfrutar del placer de acertar, pero, aun así, pruébalo con tus clientes. Cuanto mejor abras una reunión, mayor será la probabilidad de que la cierres con éxito.

A las personas nos encanta que hablen de nosotros porque nos hace sentir importantes. Y recuerda que los clientes no tienen siempre la razón, pero sí están en su derecho de sentirse valiosos. Al fin y al cabo, les estamos «robando» su tiempo para luego «pedirles» su dinero. Esto es vender, nos guste o no.

Si, por poner un ejemplo, el domingo hice una media maratón, subo a las redes sociales mi foto cruzando la línea de meta y hablo del tiempo empleado, me gustará que en los siguientes días personas de mi entorno me hagan comentarios positivos sobre ello. Subir esta información a las redes es como «una llamada» para recibirlos, de otro modo, no necesitaría compartirlo públicamente.

Ya hemos hablado de que una reunión de ventas no debe empezar hablando de trabajo, sino de otros temas escogidos cuidadosamente y que nos permitan conectar de persona a persona y no de comprador a vendedor. Esto segundo llegará cuando hablemos de nuestro producto y tengamos que presupuestar. Ahora queremos conectar y gustar, por lo que viene la otra cuestión: ¿dónde se produce ese inicio conversacional? Desde el punto de encuentro inicial hasta llegar al lugar en donde se vaya a realizar la reunión.

Con otros términos: ocurre con frecuencia que nuestro cliente o potencial nuevo comprador nos recibe en la recepción de su empresa y luego le acompañamos hasta una sala de reuniones o su despacho. Si además nos ofrece un café, mejor todavía, ya que podemos alargar este inicio. Este momento es clave para ti y tus opciones de venta, así que no dejes nada al azar y sé tú, y no tu cliente, el que inicie y maneje la conversación. Piensa que en un brevísimo espacio de tiempo debes empezar a ganarte la autoridad de merecer ser escuchado a la vez que conectas emocionalmente con él o ella.

**¿Qué es eso que podrías decirle en ese breve espacio de tiempo?**

- «Gracias por recibirme. Tenía muchas ganas de conoceros porque paso con frecuencia por esta zona para trabajar con varios de mis clientes, pero aún no habíamos tenido la oportunidad de concertar una reunión».
- «Qué instalaciones tan amplias, desde afuera no me lo parecía y debéis ser una de las empresas más grandes de la zona. Veo al fondo que disponéis de un almacén. ¿Lo tenéis automatizado? Automatizar zonas logísticas es uno de los proyectos que más nos solicitan».
- «Os conozco desde hace muchos años y me preguntaba dónde nos reuniríamos porque sé que tenéis otra tienda en el centro y otra en las afueras».
- «Hace unos días vi una publicación vuestra desde vuestro *stand* en la feria de Madrid. Yo voy todos los años porque tenemos muchos clientes allí. ¿Qué tal la experiencia este año?».
- «Desde que concertamos la reunión, me estoy preguntando cómo os ha podido afectar esta nueva tendencia existente en el mercado sobre...».
- «Antes de hablar de trabajo, ¿qué tal las piernas? He visto en las redes que ayer participaste en la maratón. A mí me encanta hacer *running*, pero no sé si algún día me atreveré a apuntarme».

No, no hablas de tu producto, pero ya estás vendiendo. Te estás vendiendo tú. Estás mostrándole que has hecho los deberes y que te has preparado la reunión. Haces ver que sabes de la empresa, del mercado e incluso de la persona con la que te reúnes. Quieres mostrar interés genuino para que tu cliente perciba que esa reunión es importante para ti. Y, además, estás buscando puntos en común que os unan. Recuerda que las personas conectamos mucho más fácilmente con aquellos que tienen gustos y opiniones similares que con lo que no.

No tengas prisa en cerrar esa primera etapa conversacional, ya que, hablando de su empresa, de sus instalaciones, del mercado, de su asistencia a eventos empresariales o de cualquier cosa que no sea tu producto es cuando vas a empezar a percibir de una forma muy natural sus gustos, deseos y necesidades. Cuando te pongas a hablar de tu producto o servicio, será más difícil que ocurra porque el cliente callará para dejarte hablar y para escuchar. Y nosotros, en esta etapa de la venta, queremos lo contrario. Vender trata de meterte en la cabeza de tu cliente y descubrir aquello que no nos dicen, su forma de pensar. De hecho, si los clientes dijeran lo que piensan e hicieran lo que dicen, los vendedores se extinguirían.

Esa conversación tiene un final y suele ocurrir al poco de llegar al despacho de tu cliente o a la sala de reuniones. Se produce un giro conversacional para hablar del motivo que ha generado la reunión. Vuelvo a ser partidario de que seas tú quien lleve las riendas de la conversación y te invito a que utilices el método Íñigo Montoya. Según tu edad, sabrás quién es o te habrá tocado realizar una búsqueda en internet. Es uno de los protagonistas de una película de aventuras de final de los ochenta. Íñigo Montoya es un experto espadachín que busca a la persona que mató a su padre. Durante la película, repite con frecuencia una frase que se hizo célebre: «Hola, soy Íñigo Montoya, tú mataste a mi padre, prepárate para morir». La practica para que, cuando llegue el momento de presentarse ante el asesino de su padre, este entienda fácilmente quién es y por qué ha recorrido tantos kilómetros hasta encontrarlo.

Así que fíjate en lo que hace este personaje:

- Primero se presenta: «Soy Íñigo Montoya».

- Segundo le dice qué es lo que conecta a ambos: «Tú mataste a mi padre».
- Tercero le dice el motivo por el que quería encontrarse con él: «Prepárate para morir».

En este caso, tu cliente sabe perfectamente tu nombre y el de la empresa que representas, pero te invito a que uses este método para recordarle qué conexión ha hecho que estéis reunidos en ese momento y el motivo por el cual querías tener esa reunión.

Te pongo algún ejemplo:

- «Bueno, Carlos, tal y como te comenté en el evento de *marketing* en el que nos conocimos, nos dedicamos a la distribución y posventa de maquinaria para el sector de la hostelería y podemos ayudarte a equipar el nuevo restaurante que vas a abrir».
- «Pues, cambiando de tema, quiero agradecerte de nuevo que hayas podido hacer un hueco en tu agenda para nuestra reunión. Tal y como te avanzaba en mi *e-mail* del lunes, he visto en vuestras publicaciones que hacéis exportaciones y nosotros podemos ayudaros a internacionalizar vuestra empresa».
- «Efectivamente, cuando nuestro amigo en común Pablo me dijo que os dedicáis a generar contenido de *marketing* para empresas, le pedí tu contacto para preguntarte qué tipos de proyectos realizáis y si necesitáis a un diseñador gráfico de mi experiencia».

**Mi reunión con Jorge**

*Hazme caso, cree en mí, estoy hecho para retos como el tuyo.*

Yo realizo muchísimas reuniones con clientes y no clientes, ya sean presenciales u *online*. Hoy en día, mi principal producto es un servicio intangible y normalmente a medida, por lo que vendo continuamente conexión y confianza en algo que está por venir, pero cuyo resultado valdrá la inversión. Esto no va de entrar en una web y darle clics hasta llegar al carro de la compra.

Para reflejar la importancia que le doy a los inicios de las reuniones, he escogido hablarte, de entre todas las realizadas en este último año, de la que tuve con Jorge. Y es que era una reunión que me tenía preocupado. Para ponerte en contexto, realizo mentorías de ventas en proyectos científicos para que lleguen al mercado en forma de modelo de negocio y que los ciudadanos puedan beneficiarse de sus innovaciones.

En este caso, Jorge era un investigador universitario de veintisiete años que lideraba un proyecto científico de relevancia que necesitaba de impulso comercial. Un primer reto era establecer una conexión óptima con una persona a la que le sacaba quince años. El segundo consistía en que él no tuvo la opción de elegir el mentor, sino que fue el programa quien se lo asignó. No nos suele gustar que nos impongan las cosas, ¿verdad? Y, finalmente, con Jorge ocurrió que semanas antes ya habíamos tenido un muy breve primer encuentro que salió mal. Fue por causas ajenas a mí, pero no sabía qué pensaba él de lo sucedido. Esa reunión iba a ser todo un reto. Pensaba que conectar con Jorge, ganarme la autoridad y que, por tanto, me validara como un mentor de negocio al que hay que escuchar y valorar iba a ser muy difícil.

Una técnica de inicio de reuniones que siempre me ha ido muy bien es fijarme en todo lo que voy observando desde el minuto uno de la reunión. En este caso concreto, Jorge me recibió en el vestíbulo del edificio de la universidad, subimos por el ascensor y al salir recorrimos un pasillo lleno de puertas que daban a despachos y salas de reuniones. Hasta ese momento, mi inicio conversacional estaba siendo de los más flojos. No acababa de ver claro cómo empezar la reunión dejando huella desde el primer minuto y ya pensaba que no lo iba a conseguir. Hasta que abrió la puerta de la sala en la que se produciría la reunión y se me hizo la luz. Estaba llena de unas mesas muy peculiares con una forma hexagonal que permite muchas agrupaciones posibles según las necesidades de la sala. Y era la segunda vez que las veía. Así que ahí estuvo la clave.

«Jorge, me encantan estas mesas» le dije. Ante eso, él me contestó que también le gustaban mucho, me explicó el uso que le daban y me dijo que solo las había visto en este edificio en el que estábamos. ¿No te parece genial? Ya tenemos algo en común, nos gustan las mesas. Y, además, quiso explicarme para qué las usaban, lo que me vino como anillo al dedo para hacerle ver que me interesaba todo lo que tenía que decirme: le estaba haciendo sentir importante. Pero ahora viene lo mejor, y es cuando me gané la autoridad: «Pues que sepas que estas mesas no están solo en este edificio —le dije—. Antes de verano hice una formación a un grupo de treinta científicos en el politécnico. ¿Conoces unos edificios gemelos y de diferentes colores que hay al final de la avenida? Pues allí. Se trataba de un equipo que realiza investigaciones para tratar dolencias cardíacas de forma no invasiva».

Una vez dicho esto, ya puede empezar la mentoría, la venta, la charla o lo que tenga que venir. Lo más importante y, a veces, lo más difícil ya está hecho: hacerle ver a Jorge que no es el primer investigador al que ayudo, que sé manejarme en entornos universitarios y que estoy hecho para retos como el suyo: «Hazme caso, que estás en buenas manos».

### El *elevator pitch* vs el *storytelling*

*Muchos vendedores consiguen dejar una huella imborrable en sus clientes. Pocos consiguen que sea positiva.*

Una vez le dices a esa persona a la que quieres convertir en cliente «Podemos ayudarte a equipar el nuevo restaurante que vas a abrir», él o ella te puede preguntar «¿Qué tipo de maquinaria vendéis?» o «¿Con qué tipo de restaurante soléis trabajar?». Cuando le sugieres «Nosotros podemos ayudaros a internacionalizar vuestra empresa», te preguntará cómo realizáis este servicio. Y si le preguntas «¿Necesitáis a un diseñador gráfico de mi experiencia?», querrá saber cuál es esa experiencia.

Es el momento de lanzar tu *elevator pitch* o 'discurso de ascensor'. Esta es la herramienta que, bien empleada, hará que tu interlocutor decida que debe prestarte toda su atención debido a que esto que dices es interesante o diferente.

Hay dos historias que hablan del nacimiento de este breve discursos de ventas. Una del tipo leyenda urbana asociada con los altos edificios de negocios de Manhattan. Si tenías la suerte de coincidir en el ascensor de uno de esos edificios con el CEO de la compañía, estabas ante la oportunidad de tu vida para presentarte, explicarle a qué te dedicabas en su organización y dejarle una huella memorable antes de bajar del ascensor y que él prosiguiera hacia su oficina en los pisos más altos. En grandes empresas con miles de empleados, era tu oportunidad de pasar de ser un número a una persona con nombre y apellidos. Pero, ojo, hemos dicho que, gracias a tu atrevimiento de acercarte a esa importante persona y lanzar tu *elevator pitch*, dejarás una huella memorable, aunque no sabemos si positiva o negativa. Dependerá de qué hayas dicho y cómo lo hayas dicho.

La otra versión, que parece más verídica, está vinculada con Elisha Otis, fundador de la empresa de ascensores OTIS. No fue el pionero en la fabricación de elevadores, pero sí inventó el primer dispositivo de seguridad que impedía la caída por gravedad de este en caso de rotura de cuerda. Estamos hablando de mediados de siglo XIX y, muy probablemente, los accidentes en este tipo de maquinaria serían frecuentes. Otis debió de pensar que su dispositivo de seguridad sería un éxito rotundo, ya que salvaría miles de vidas y que nadie querría usar un ascensor que no lo tuviera.

Para su sorpresa, sus potenciales clientes no entendieron la importancia de su innovación, y sus ventas fueron un fracaso. ¿Qué podía fallar para que un producto tan imprescindible no tuviera éxito? El mecanismo anticaída no tenía ninguna culpa, el problema estaba en el mensaje. No se trataba de qué había creado, sino en cómo lo estaba explicando. El mensaje no captaba la atención, no despertaba curiosidad e incluso causaba escepticismo.

Así que Elisha Otis se llevó uno de sus elevadores a la feria más importante de Nueva York y lo colocó en un silo abierto para que todos pudieran observarlo. En el momento de más afluencia de público, llamó la atención de los asistentes para que vieran cómo descendía en él. Instantes después, hizo cortar la cuerda y la gente empezó a gritar hasta que tras pocos segundos el sistema de seguridad se activó. Elisha Otis salió intacto, asombró a su audiencia y consiguió lo que buscaba: dejar huella con un mensaje corto y contundente que pueda ser comprendido por una gran multitud. Esta es la finalidad de un *elevator pitch*.

Ahora bien, en el día a día habitual de los negocios, no disponemos de la oportunidad de montar este tipo de *shows*, así que lo transformamos en un párrafo corto, sencillo y claro. Debe durar entre veinte y un máximo de treinta segundos y tiene que ser muy fácil de entender y recordar. Si en ese breve texto la persona a la que te diriges no comprende que eres necesario para sus deseos o necesidades, apenas prestará atención cuando hagas la explicación extensa de tus productos o servicios.

Debes tenerlo bien memorizado y no mostrar signos de duda o debilidad cuando lo digas. Si tu cliente percibe (de forma normalmente inconsciente) que no crees en lo que dices, lo tienes difícil. Y es que la venta no es tanto convencer a los clientes, sino demostrar que estás convencido de que tú eres necesario para ellos.

Para inspirarte en la creación de tu *elevator pitch*, te invito a que te inspires contestándote a estas tres preguntas:

- «¿Cómo haces crecer el negocio de la persona a la que te diriges?».
- «¿Qué te compra REALMENTE tu cliente?».
- «¿Qué te diferencia de los demás?».

Hacer el texto es cuestión de segundos si le dedicas minutos e incluso horas a responder con detenimiento y honestidad estas tres cuestiones.

He remarcado la pregunta de «¿Qué te compra REALMENTE tu cliente?» porque aquí solemos meter la pata. A veces, por desgracia, ni siquiera nosotros sabemos el motivo real por el que nos compran, pero deberíamos tenerlo claro si queremos dar con el secreto de nuestro éxito.

Te lo voy a explicar tal y como lo hago en mis formaciones lanzándoles a mis asistentes la pregunta de «¿Qué le compramos a una *nanny*?» Lo habitual es escuchar respuestas del tipo «seguridad», «confianza», «experiencia», «tranquilidad», «que domine un idioma extranjero», etc. Pero no. Eso son los atributos que queremos que tenga la *nanny*, que, en este caso, es el «producto» que estamos comprando. Lo que realmente le estamos comprando es tiempo. Esa es la respuesta. Me lo puedes detallar más diciéndome que le estás comprando el poder ir a tu partido de fútbol semanal, a las cervezas con tus colegas o que se trata de volver a hablar con tu pareja sin interrupciones mientras cenas en uno de esos restaurantes a los que ibas antes de tener hijos. Pero, a la postre, le estás comprando tiempo, esa es la realidad. Y tú debes descubrir la tuya: qué te compran realmente tus clientes. Una vez lo tengas claro, tu *elevator pitch* y cualquier texto de ventas girará en torno a eso, y los atributos de tu producto o servicio pasarán a un segundo plano, ya que a los clientes solo les interesa saber cómo funciona eso que vendes cuando entienden para qué lo necesitan.

Ahora bien, por muy breve que sea el texto, es fácil tener fallos. Te aconsejo que en su elaboración no uses tecnicismos que no sabemos si el cliente conoce y que evites:

- Exageraciones: «fabuloso», «sensacional», «fantástico»...
- Expresiones vacías: «es decir», «quiero decir», «de cualquier forma», «por decirlo así», «dependiendo»...
- Diminutivos o palabras que no transmitan autoridad: «intentamos», «un poco», «más o menos», «buscamos», «somos una especie de»...

Y finalmente el tono con el que pronunciamos nuestro discurso de ventas. Esto es lo más delicado y lo que más me entristece. Cuando hago formaciones individuales, lo que cariñosamente nombro «clases particulares», mis clientes no suelen sufrir en la parte conversacional de la argumentación de su producto. Lo hagan mejor o peor, hablando de eso que venden se encuentran a gusto y muchas veces responden bien a las objeciones que les voy poniendo cuando hacemos los *role play* (simulaciones de venta entre cliente y comprador).

Pero en los inicios conversacionales y cuando verbalizan su *elevator pitch*, el nivel de inseguridad es tremendo. Muchos de ellos empiezan la reunión empequeñecidos, con los hombros caídos, mirada insegura (si es que miran al cliente) e improvisando (en lugar de recitar su *elevator pitch*). Quien sea alumno mío y esté leyendo estas líneas lo sabe. Cuando practicamos inicios conversacionales con clientes, continuamente les hago parar para hacer ajustes y empezar de nuevo una y otra vez hasta que sale bien y ya les dejo avanzar a lo que les gusta, o sea, hablar de su producto. Para muchos vendedores, el inicio de la reunión es aquello por lo que hay que pasar antes de hablar del producto. Pero resulta que muchas decisiones de compra se toman antes de que llegue ese momento.

En mi caso suelo decir: «Me dedico a hacer crecer la facturación de las empresas mejorando las habilidades comerciales de sus vendedores y haciendo que los empresarios tomen conciencia de que su mejor producto es su equipo de ventas».

También podría decir algo como esto: «Transformo equipos de ventas para que pasen de ser simples vendedores de productos a verdaderos asesores de confianza. A través de formaciones personalizadas, enseño cómo conectar emocionalmente con los clientes, incrementar la conversión y cerrar acuerdos de mayor valor sin necesidad de rebajar precios».

Pero otros ejemplos aleatorios de *elevator pitch* podrían ser:

- «Ofrecemos una plataforma de *software* que automatiza la gestión de proyectos y que ahorra a las empresas hasta un 40 % en tiempos de entrega. Nuestro sistema permite a los equipos colaborar en tiempo real, priorizar tareas y gestionar recursos, todo en una única interfaz fácil de usar».
- «Hacemos que pequeñas y medianas empresas atraigan clientes *online* a través de estrategias de SEO y campañas en redes sociales. En solo tres meses, hemos incrementado el tráfico web de nuestros clientes en un 150 %, generando *leads* de alta calidad que se traducen en ventas».
- «Estamos revolucionando el mercado de la energía solar. Nuestra solución permite a empresas y hogares reducir su factura de electricidad en un 30 % desde el primer mes. Con un sistema de instalación rápida y un retorno de inversión garantizado en menos de dos años, estamos facilitando la transición hacia un futuro más sostenible».
- «Optimizo las inversiones de individuos y empresas para que obtengan mayores rendimientos sin asumir riesgos innecesarios. En el último año, he ayudado a

APRENDE A VENDERTE: EL PRODUCTO ERES TÚ

mis clientes a aumentar su rentabilidad en un 20 % aplicando estrategias personalizadas».

- «Consigo que profesionales y líderes desarrollen habilidades de comunicación y liderazgo, y que logren aumentar la influencia y efectividad en sus equipos. A través de sesiones personalizadas, he ayudado a mis clientes a obtener ascensos y liderar proyectos clave en sus empresas».

## Pesadilla con Juan Roig

*El peor momento para pensar en cómo presentarte es justo cuando te presentas.*

Fíjate si considero relevante para mi propio éxito profesional el uso del *elevator pitch* que llegué a tener una pesadilla con Juan Roig y te aseguro que es una experiencia que no se la deseo a nadie. Te la cuento.

Estaba en algún tipo de evento, seguramente en ese espacio final de *catering* y *networking*. Ya sabéis que en los sueños suele estar todo muy raro o borroso. Pero yo estaba bien, a gusto, a mi bola. Sabía que Juan Roig estaba por ahí y lo veía de lejos. Tenía clarísimo que ni ese día ni ningún otro iba a conocer a ese hombre. Pero de repente alguien me lo trae y dice: «Juan, te quiero presentar a Borja Lanáquera».

Juan Roig es alto, pero en mi sueño me parecía un gigante. Tal y como empezó a mover el brazo para darme la mano me di cuenta de que estaba ante la oportunidad de mi vida: era el momento de decir quién soy, a qué me dedico y causarle una impresión positiva.

Y era justo ahí cuando empezaba la pesadilla. Me di cuenta de que comenzaba a trabarme, no me salía bien mi presentación, decía tonterías y la cara de Juan empezaba a cambiar adquiriendo una expresión de «Este tío es gilipollas o le pasa algo». Aunque yo seguía hablando, me hundía porque me daba cuenta de que yo, que sé de ventas, había perdido la oportunidad de mi vida.

Es curioso que yo apenas sueño. Y, cuando ocurre, no soy capaz de recordar apenas nada. Pero esta pesadilla se me grabó a fuego y eso no me cuadraba. Hasta que di con la tecla: la pesadilla era la consecuencia de una acción comercial lamentable que había realizado varias semanas antes. Así de peculiar es nuestro cerebro.

En una conocida empresa de pinturas valenciana, estaba reunido con la persona que dirige el área de *marketing*. La conocía y me había preparado la reunión. De repente entró la gerencia en el despacho en donde estábamos reunidos porque quería hacerle una consulta y crucé los dedos para que me lo presentaran. No es fácil encontrar el momento para acceder a la dirección de una empresa importante y aprovechar para dejar huella. Mis deseos se hicieron realidad, pero, cuando empecé a presentarme, me di cuenta de que tenía mi *elevator pitch* totalmente oxidado: tengo muchos clientes, me va todo muy bien y me llega mucho trabajo por referencias y por el boca a boca. Así que hacía mucho que no practicaba mi *elevator pitch* y me salió tan mal que la sensación que di fue la contraria: «Este tío no sabe ni lo que hace». De hecho, me interrumpió para decirme: «Entonces, ¿a qué te dedicas?» porque no estaba entendiendo lo que le decía. Oportunidad perdida, de ahí mi pesadilla semanas después.

Moraleja de la pesadilla: por favor, trabajad y practicad vuestro *elevator pitch*. Nunca sabemos cuándo lo vamos a necesitar.

### El *storytelling*

*Ponerse sensiblero vende, pero solo si sabes hacerlo.*

Una parte importante de nuestro cerebro (nuestra área límbica) está dedicada a reconocer nuestras emociones y las de los demás. Y si hace unas páginas te explicaba que un buen *elevator pitch* es fundamental para abrir una oportunidad de negocio, un todavía mejor *storytelling* es la herramienta necesaria para conectar emocionalmente con tu potencial cliente y acercarte al cierre de la venta.

Con el *storytelling* te dejo que te explayes. Así como el *elevator pitch* dura de veinte a treinta segundos como máximo, el *storytelling* puede alargarse varios minutos. Este discurso de ventas no está centrado en el producto, sino que habla de nosotros y de nuestra relación con nuestra empresa o negocio. Es la herramienta de ventas que usamos para explicar:

- De dónde venimos.
- Por qué hemos llegado hasta aquí.
- Para qué hacemos lo que hacemos.

Y tú te preguntarás: «¿Cómo sé cuándo debo "lanzar" mi *storytelling*?». Suele ser el cliente quien, a su estilo, te lo pide. ¿A que muchas veces te hacen preguntas, de forma inesperada, del tipo...?:

- ¿Siempre te has dedicado a esto?
- ¿Llevas mucho tiempo en esto?
- ¿Sois de por aquí?

Estas son las señales de que tu *storytelling* debe despegar. El cliente ya no quiere hablar más de producto. Quiere saber de ti, está chequeando si vas a ser el compañero de viaje ideal para la transformación que quiere llevar a cabo en la empresa. Recuerda que los clientes usan productos, pero contratan proveedores. El producto, por tanto, eres tú. Usa las emociones. Da igual que seamos empresarios o trabajemos por cuenta ajena. Cuando hablamos de nuestra historia personal y de la relación con la empresa en la que trabajamos, nuestra mirada cambia, brilla más, y eso el cliente lo nota.

Con el *elevator pitch* te insistía en que te lo escribieras y memorizaras hasta el punto de tenerlo casi automatizado.

El *storytelling* es distinto. No hay nada que memorizar, debe salir de ti de forma natural y lo lógico es que, cada vez que lo cuentes, te salga de una manera distinta. Pero sí necesitas tener unas bases sobre las que sostener tu historia y para ello te invito a que te inspires contestando a estas preguntas:

- ¿Qué hacías antes de dedicarte a esto?
- ¿Por qué y para qué haces lo que haces?
- ¿Qué es lo que más disfrutas de tu trabajo/negocio?
- ¿Cuál es tu sueño o deseo profesional?

## 2.ª FASE. ARGUMENTAS: TU PRODUCTO O SERVICIO COBRA PROTAGONISMO

*Si a los cinco minutos del inicio de una reunión ya estás hablando del producto, lo siguiente será el precio. No te interesa ir tan rápido.*

Si en el inicio de la reunión de ventas has sido tú el protagonista, ha llegado el momento de dar un paso al lado para que lo sea el producto o servicio que vendes. Pero recuerda: no tengas prisa en llegar hasta aquí.

### Te invito a jugar a *El precio justo*

Centrándote en aquello que vendes, no empieces hablando de sus características. No tienes nada diferente a lo de los demás y, si lo tuvieras, no estarías leyendo este libro. Tu única baza es la de diferenciarte explicando el beneficio que tiene para tu cliente (y no para ti) cada una de estas características.

Te lo explico con el mismo ejercicio que hago en mis formaciones de habilidades comerciales: el casco para ciclistas.

Viene a ser como jugar a *El precio justo*, pero sin enseñaros los objetos, y dice así:

He diseñado y fabricado dos tipos de cascos para ciclistas y necesito que me ayudes. Voy a sacarlos al mercado, pero tengo muchas dudas a la hora de fijar su precio de venta. Te voy a describir ambos y dime por favor el precio que les pondrías.

### CASCO 1

- Hecho con policarbonato de densidad de hasta 1,20 gr/cm$^3$.
- Peso ligero.
- Gran caudal de ventilación.
- Correa ajustable y acolchada.
- Luz LED trasera integrada.
- Disponible en talla M y L.

**¿Qué precio le pondrías?**

### CASCO 2

- Dura hasta tres veces más que un casco de otro material y eso te produce un ahorro de 20 € al año.
- Gracias a sus tan solo 250 gramos de peso podrás usarlo hasta 5 horas ininterrumpidamente sin sentir fatiga.
- Mantiene tu cabeza fresca y evita el sobrecalentamiento en días calurosos a través de sus 20 orificios, mejorando tu confort durante el ejercicio.
- Se adapta perfectamente a tu cabeza sin causar rozaduras, garantizando un ajuste seguro y cómodo.
- 50 luces led para mejorar la visibilidad hasta un 100 % en la oscuridad o en condiciones de poca

luz, reduciendo significativamente el riesgo de ser atropellado por un automóvil.

- Se adapta a diferentes tamaños de cabeza, asegurando un ajuste perfecto para ciclistas de todas las edades.

**¿Qué precio le pondrías?**

Este ejercicio tiene truco y lo desvelo al final. Nunca ha habido dos cascos, era siempre el mismo y el precio es lo de menos. Lo importante es que tomes conciencia de que al segundo le has dado un precio más elevado que al primero. ¿Sabes por qué? Porque el primero te lo he descrito enumerando sus características técnicas y el segundo explicándote los beneficios que tiene para el cliente cada una de esas características. Te lo desvelo a continuación:

1. **HECHO CON POLICARBONATO DE DENSIDAD DE HASTA 1,20 GR/CM³.** Dura hasta 3 veces más que un casco de otro material y eso te produce un ahorro de 20 € al año.
2. **PESO LIGERO.** Gracias a sus tan solo 250 gramos de peso podrás usarlo hasta 5 horas ininterrumpidamente sin sentir fatiga.
3. **GRAN CAUDAL DE VENTILACIÓN.** Mantiene tu cabeza fresca y evita el sobrecalentamiento en días calurosos a través de sus 20 orificios, mejorando tu confort durante el ejercicio.
4. **CORREA AJUSTABLE Y ACOLCHADA.** Se adapta perfectamente a tu cabeza sin causar rozaduras, garantizando un ajuste seguro y cómodo.
5. **LUZ LED TRASERA INTEGRADA.** 50 luces led para mejorar la visibilidad hasta un 100 % en la oscuridad o en

condiciones de poca luz, reduciendo significativamente el riesgo de ser atropellado por un automóvil.

6. **DISPONIBLE EN TALLAS M Y L.** Se adapta a diferentes tamaños de cabeza, asegurando un ajuste perfecto para ciclistas de todas las edades.

El aprendizaje ha quedado claro. No se te ocurra empezar a describir un producto o servicio empleando sus características. Primero porque no captarás la atención de tu interlocutor y, hoy en día, vender es fácil si se sabe cómo. Pero captar la atención es difícil aunque se sepa.

Segundo porque el cliente solo compra aquello que entiende. No entendemos si el que sea de policarbonato significa que es *premium* y, por tanto, muy bueno, o si es normalito porque ya todos vienen con ese material. Tampoco sé si 250 gramos es ligero o pesado para un casco, pero dices que es ideal para salidas en bici de hasta cinco horas y yo nunca hago más de eso, por lo que entiendo que sí es lo que necesito.

Y tercero porque le damos un valor monetario superior a lo que nos ayuda (el beneficio) que a aquello que suena importante o molón (la característica), pero que no entendemos.

Finalmente, si empezamos a explicar aquello que vendemos hablando de sus características, al cliente solo le quedará preguntarnos por una cosa: el precio. Se te acabó la reunión, ahora entiendes por qué te duran tan poco las visitas a tus clientes. Y es que o les gusta el precio o te toca negociar. Es imposible que tú, como vendedor, hayas dejado huella porque no has hecho tu trabajo. Tu misión es la de vender, o sea, conectar, gustar e influir en la toma de decisiones del cliente. Para describir las características de un producto, envíale el catálogo o el manual y no perdéis el tiempo ninguno de los dos.

Y eso no es lo peor: aunque tengas el precio más competitivo del mercado, no te aceptará la propuesta al instante porque le has puesto en bandeja que haga una comparativa entre las características y los precios de tus productos y los de la competencia. Más de una vez has perdido la operación luchando contra competidores más caros con productos peores. Ahora ya sabes por qué: vendieron explicando los beneficios.

Y quizá te preguntes: «¿Entonces, dejo de nombrar las características de mis productos?» No. Siguen siendo fundamentales para tu éxito, pero en otro orden. Primero usa siempre los beneficios para captar la atención y déjate las características como un as en la manga para resolver las inquietudes del cliente. Ten en cuenta que pondrá en duda algunos de esos beneficios tan fabulosos de los que le hablas y será la característica asociada la que se la despeje.

Por ponerte un ejemplo, puede ser que esté tan harto de pasar calor en la cabeza cuando voy en bici que no sepa si creerte cuando me digas que con el tuyo voy a ir fresco de verdad (beneficio). Llevo muchos años yendo en bici y no tengo ganas de equivocarme con otro casco (inquietud). Pero mi incredulidad se desvanecerá cuando me expliques que esta vez sí valdrá la pena la inversión porque el modelo que vendes consigue un gran caudal de ventilación gracias a que lo habéis diseñado con 20 orificios de ventilación.

**PRECIO CONTRA VALOR**

Para entender este concepto, vamos a hacer otro juego.

Imagina que has llevado tu coche a un centro de lavado y de entre las opciones que lees en su listado de servicios has optado por un «lavado de coche básico» que tiene un coste de 5 euros.

Cuando te entregan el coche, no solo está lavado por fuera, sino que percibes que también lo han limpiado por dentro porque notas que han aspirado las alfombrillas, que el salpicadero y la consola brillan y que el coche en general huele mejor. Te has llevado una grata sorpresa. Ahora, imagínate que te han contratado como el nuevo encargado de ese centro de lavado. El propietario te explica que la calidad del lavado es buena y que los clientes repiten. No es un problema de facturación, sino de rendimiento económico. Tu misión como encargado es, por tanto, sacarle más beneficio económico a cada lavado.

**¿Qué se te ocurre hacer?**

Sí, este es otro de los ejercicios que hago en algunas de mis formaciones y los asistentes contestan con ideas del tipo:

1. **REDUCIR LOS COSTOS** pidiendo descuentos a los proveedores de productos de limpieza.
2. **AJUSTAR EL TIEMPO DE LAVADO** para hacerlo más eficiente y reducir costos laborales.
3. **REDUCIR LA CANTIDAD DE PRODUCTOS UTILIZADOS** para ahorrar dinero.

Pero no, eso no hace falta. O, al menos, no todavía.

Todo producto o servicio tan solo tiene dos componentes: precio y valor. El precio siempre viene dado. Si eres vendedor, te dirán el precio y en qué márgenes de descuento o beneficio puedes moverte para presupuestar. Si eres el empresario que ha creado el modelo de negocio de la empresa, estás en las mismas, aunque no te lo creas. Sí, tú has puesto el precio de aquello que vende tu empresa, pero influido por los costes, la competencia y las tendencias de mercado.

Con el precio poco puedes hacer, pero, por el contrario, tu misión como vendedores es darle a aquello que vendes todo el valor que se merece. O, con otros términos: ¿cómo va a valorar el cliente algo a lo que los vendedores no dan valor?

La clave para resolver este ejercicio no es abaratar costos ni cambiar el servicio, sino elevar el valor percibido. El servicio ya es excelente, pero no está siendo comunicado de la manera correcta. En lugar de ofrecer un simple «lavado de coche básico», explica que se trata de un «Lavado *premium* con cuidado integral» describiéndolo así:

- Lavado exterior con champú de alto brillo para un acabado impecable.
- Aspirado profesional de alfombrillas para un interior limpio y fresco.
- Limpieza detallada del salpicadero y la consola para una experiencia de lujo al volante.
- Aplicación de cera protectora que protege la pintura y prolonga su brillo.
- Aromatizante *premium* que deja un aroma fresco y duradero en el interior del coche.

Ahora, al reposicionar este servicio como algo de mayor valor, puedes incluso justificar un precio más alto, como 12 euros, sin cambiar nada en la operativa, solo modificando la percepción del cliente.

## 3.ª FASE. CIERRAS EL ACUERDO: CON NEGOCIACIÓN O SIN NEGOCIACIÓN

*La obligación del vendedor no es vender,*
*eso es la consecuencia.*

Una reunión siempre se cierra y hay que saberlo hacer bien. Por *cerrar bien* no me refiero a conseguir el pedido o acuerdo con tu cliente. Raramente entras en una reunión y sales de ella con un contrato firmado. Apalabrado, quizá sí. Pero es común que para llegar a un acuerdo comercial te toque hacer varias reuniones y, entre medias, diversas gestiones (análisis de la solicitud del cliente, preparación del presupuesto, resolución de dudas, revisiones de la propuesta, etc.). Todas esas reuniones las has tenido que cerrar de la forma correcta y manteniendo la misma huella positiva que has generado desde el principio.

Sea la primera vez que te reúnes con un cliente o la decimoquinta, nunca olvides este mantra atribuido a la consultora estadounidense Patricia Fripp: «Cuando no puedas cerrar un pedido, intenta crear una relación».

He sido cocinero antes que fraile o, por si acaso no se entiende, vendedor antes que director comercial. Ser vendedor es un trabajo duro, solitario, en donde la resiliencia está a la orden del día. Me conozco muchas de las excusas o mentirijillas piadosas del día a día del vendedor porque yo también las dije alguna vez cuando mis jefes hacían seguimiento y me preguntaban por mis operaciones pendientes de cerrar. Por eso creo que un buen director comercial debe saber reconocerlas y medir muy bien cuándo apretar y cuándo aflojar a su equipo de vendedores.

Sin embargo, hay algo que no tiene excusa posible y es que un comprador ya no se quiera reunir contigo. ¿Qué le has hecho a esa persona para que no te quiera recibir más? Habrá personas que nunca te comprarán por diferentes motivos (producto, precios, descuentos, etc.), pero, siempre que te quiera recibir, tendrás una oportunidad. Si te niega su tiempo, tus opciones son nulas y eso sí es un problema.

Esto que te voy a decir te puedo parecer un poco extraño, pero la obligación del vendedor no es vender. Eso es la consecuencia. La obligación del vendedor es la de hacer correctamente todos los pasos necesarios para conseguir persuadir al cliente de que compre aquello que uno vende, algo imposible si, para empezar, tu potencial cliente no te quiere atender.

Es posible que alguna vez te hayas preguntado cómo reconocer que estamos llegando al cierre de la reunión. Pues será cuando puedas responderte a las siguientes cuestiones:

- ¿El cliente necesita/desea el producto o servicio?
- ¿El cliente entiende la oferta?
- ¿El cliente confía en nosotros?
- ¿El cliente puede ajustarse a las condiciones económicas necesarias?

Ojo con esta última pregunta que es más relevante de lo que parece. Me estoy refiriendo a averiguar si el cliente puede pagar por la solución independientemente de la marca o proveedor que se la está ofertando. Hay veces que los compradores no son conscientes del coste real de aquello por lo que se han interesado hasta que un primer proveedor le hace la oferta, y es en ese momento cuando toman conciencia de que no tienen presupuesto ni para comprártela a ti ni a nadie. Menuda pérdida de tiempo.

## ¿Regatear y negociar es lo mismo?

En una negociación siempre hay uno que acaba perdiendo, pero ambas partes salen beneficiadas.

No es lo mismo y no pasa nada si creías que sí. Lo que me preocupa es que le tenemos cierto rechazo a la palabra *regatear* cuando, realmente, es lo que mejor y más habitualmente hacemos. Asociamos *regatear* a esa acción espontánea, típica de mercadillos y bazares de ciertas regiones, que se produce cuando queremos comprar un producto a pie de tienda.

Por el contrario, si vamos a presentarle a un cliente un presupuesto y previamente hemos analizado que, si no está de acuerdo con el precio, podemos bajarle un 10 % para llevarnos el pedido, pensamos que hemos negociado. Pues siento decirte que hemos regateado igualmente. Es cierto que no hemos improvisado, pero tampoco hemos negociado.

Cuando regateas, cedes. Sí, te has llevado el pedido, pero a cambio de algo que posiblemente ya no vayas a recuperar. Es posible que la operación haya sido un éxito para ti porque has cerrado el acuerdo bajando el precio incluso menos de lo que esperabas. Es por esto por lo que entras en el despacho de tu jefe o jefa y se lo cuentas lleno de alegría. Y sí, se alegran por ti y por el pedido, pero a la vez se preocupan porque, una vez le has bajado el precio al cliente, a ver cómo narices se lo vuelven a subir. Los descuentos reducen el margen de beneficio y eso impacta directamente en la cuenta de resultados de la organización. Para recuperar lo perdido en esa operación con ese cliente, tendrás que venderle más adelante otros productos o aplicarle una subida de precios, algo que suele generar conflicto.

De ahí que fuera mejor que hubieras negociado, ya que, cuando negocias, proteges el precio, no lo bajas. Prepararse y realizar una negociación es más complejo que regatear porque quieres cerrar el pedido a la vez que cuidas tu bien más preciado: el margen de beneficio de cada unidad de eso que vendes o, dicho de otro modo, lo que te da de comer y paga las facturas.

¿Si al regatear siempre hay uno que sale perdiendo (normalmente el vendedor), negociar significa que se produce un *win-win*? Sí, pero no al 50 %. Negociar no es sinónimo de empatar. En una negociación siempre hay uno que sale perdiendo, pero ambas partes salen beneficiadas. Estamos entendiendo erróneamente que una negociación *win-win* es aquella en la que uno se lleva el 50 % y el otro el restante 50 %. Eso ni siquiera es posible de medir. Y, ojo, cuando estés ante un comprador o vendedor que a mitad negociación te suelte un «Va, ni tú ni yo, al 50 %», o te la está jugando o no sabe negociar.

Si usamos los porcentajes como ejemplo, en una negociación una parte puede haberse llevado un 60 % del pastel y la otra un 40 %, pero lo importante es que ambas salen beneficiadas y con una situación mejor de la que tenían cuando entraron a negociar. Y, más importante, la relación sale fortalecida para futuras relaciones que estén por venir.

De una etapa de mi carrera profesional por cuenta ajena en la que vendía un producto que se volvió *commodity*, recuerdo con mucho más cariño a aquellos clientes de perfil negociador que a los de perfil regateador. A algunos dejé de ir a visitarlos porque cada vez que lo hacía aprovechaban para pedirme una mejora de los precios, y una exigencia unidireccional es regatear. Siempre regatear y, por tanto, siempre tener que ceder genera desgaste y tensa las relaciones comerciales.

A mucha gente le alegra llegar a la fase de negociación de un proceso de ventas porque creen que van por el buen camino. Yo tengo mis dudas. ¿Sabes por qué se negocia? Porque con la venta no ha sido suficiente. No has podido conectar, persuadir e influir en tu comprador lo suficiente como para cerrar la operación sin esa exigencia de última hora vinculada con el precio. No le has argumentado los beneficios de tu producto de forma que haya entendido que tu precio lo vale. Y seguramente por esto habrá pensado: «No tengo claro si necesito este producto, pero, si me baja un poco el precio, se lo compro».

Y esto mismo que piensa te lo suelta con una verdad a medias del tipo: «Nos encaja lo que vendes, pero no el precio», «Si fuera un poco más económico, sí que valoraríamos comprarlo», «No le veo a tu producto una ventaja en el precio», «Para que empecemos a usar tus servicios tendrías que revisar el precio», etc.

Te está tendiendo una trampa para que entres en el regateo y que salgas perdiendo. No lo hagas y negocia. Pregúntale:

- «¿Qué es lo que más te ha gustado de mi propuesta?».
- «¿Cómo te va a ayudar mi producto o servicio?».
- «¿En qué medida vais a mejorar/crecer/cambiar gracias al uso de los materiales que os he presupuestado?».

En otras palabras: antes de sucumbir a la tentación de regatear, da un paso atrás en la conversación para que el cliente se escuche a sí mismo decir lo importante que es para él y para su empresa aceptar la propuesta, comprar tus productos y darles uso. Está tan concentrado en intentar ponerse la medalla de haber conseguido una rebaja en el precio que se la ha olvidado lo que perderá en caso de no comprarte. Y, para ello, eres tú como vendedor quien tiene la sartén cogida por el mango. En nuestras decisiones de compra, influye más el miedo a perder algo valioso que el deseo de ganar algo importante.

Si durante este proceso de ventas con tu cliente has hecho bien las fases de la «venta» y «argumentación», muy posiblemente ya está visualizando los beneficios que a futuro le va a reportar contratarte y da por hecha la compra. Insisto de nuevo en que, si has sabido conectar personalmente con tu cliente y argumentarle por qué vas a hacerle crecer, esta persona ya no se imagina quedarse sin usar eso que vendes. Tú no lo sabes, pero ya les ha contado a algunas personas de su entorno, como si fuera una primicia, que va a empezar a usar unos productos (los tuyos) que le van a cambiar la empresa.

Pero, ya sea porque es un jefe de compras o que por convicción personal considere que nunca hay que aceptar el primer precio que se proponga, ha querido pedirte que hagas una rebaja. Pues dile que no. A estas alturas, es él o ella el que sale perdiendo, no tú.

Insisto por última vez: se juega como se entrena. La buena negociación dependerá de las dos fases anteriores que te he explicado en este libro. Cuanto mejor vendas tu persona y argumentes tu producto, más sencilla será la negociación. ¿No te ha ocurrido nunca que a veces te han pedido una mejora en el precio y ni haciéndolo te han acabado comprando? Seguro que sí, y ahora ya sabes por qué: algo fue mal en las fases anteriores y llegaste a la negociación con todas las de perder.

También puedes encontrarte con clientes que ya te están negociando a los cinco minutos de la reunión. En esos casos puede ser que sean personas de solo precio. Muchas veces tenemos que negociar con personas distintas a las que realmente van a usar el producto, y eso lo dificulta más. Hacerles ver lo que van a perder en su empresa por no usarlos es más difícil. Es un cliente de solo precio. Plantéate si es o no para ti.

Pero no lo olvides: si llegas a la negociación después de haber pasado por las diferentes etapas explicadas en este libro y eres consciente de que le has captado la atención, ha comprendido que tu producto le es útil y, además le gustas, créete que eres tú quien tiene el poder de negociación. No te hagas pequeño y negocia con seguridad.

**Cerrar sin negociar es posible si aplicas estas técnicas**

*¿Sabes cuando se negocia? Cuando con la venta*
*no ha sido suficiente.*

Una vez explicado que regatear y perder margen de beneficio no es bueno y que negociar bien no es fácil, te invito a que intentes cerrar sin hacer ni una cosa ni la otra.

Para ello, ten presente que una oportunidad de venta son seis datos y, para saber si estás en disposición de cerrarla con éxito, necesitas revisar si estás en poder de esa información. Estarás, por tanto, en una posición de fuerza para cerrar el acuerdo a tu favor cuando tengas las respuestas a «qué», «quién», «cuándo», «cómo», «por qué», «para qué».

- ¿Qué necesitas, deseas, quieres, usas...?
- ¿Quién va a usarlo, lo necesita, tiene el problema...?
- ¿Cuándo va a usarlo, necesitarlo, instalarlo...?
- ¿Cómo va a hacerlo, usarlo, colocarlo, pagarlo...?

- ¿Por qué lo quiere, lo hace, lo cambia...?
- ¿Para qué lo quiere, usa, pide, desea...?

Hace tiempo, una buena amiga periodista me dijo que no tenías una noticia hasta que no encontrabas estas respuestas. Pues con los negocios ocurre lo mismo.

Hay distintas técnicas muy propicias para cerrar sin negociar, y te pongo algunos ejemplos a continuación. Estoy seguro de que conoces la mayoría de estos ejemplos, pero que, en el mejor de los casos, solo usas uno o dos. Opino que no deberíamos entrar en una negociación sin antes haber empleado varias de estas técnicas durante nuestra conversación de ventas.

Siempre digo que en cinco años trabajando por cuenta propia he aprendido más de ventas y personas que en veinte años en las áreas de ventas de las organizaciones para las que he trabajado. Si pudiera volver atrás en el tiempo, emplearía con más frecuencia muchas de estas modalidades de cierre que te pongo a continuación.

## 1. Cierre: «Contesta solo a lo que te preguntan»

Cerrar un pedido puede ser algo tan sencillo como responder tan solo a lo que te preguntan los clientes. Hay veces que nos preguntan cuánto vale nuestro producto y se les van las ganas de comprarlo. Ah, y no tiene nada que ver con el precio. Te pongo un ejemplo.

Hace un tiempo me encontré con una amiga que sabía que estaba a punto de sacar una reedición de su primer libro. Así que, nada más verla, me surgió el interés de saber cuánto valía y dónde podía comprarlo.

A la primera pregunta me respondió que tenía un precio de 21 €, pero... que era «una nueva edición más elaborada, con una editorial muy reconocida, una portada de diseño...». Y se alargó mucho más.

Le hubiera comprado el libro a cualquier precio porque es una amiga, además de que el tema me interesaba. Pero su explicación, sin necesidad, de por qué 21 € me hizo pensar que era caro. Y lo curioso es que se alargó tanto su argumentación que se me olvidó preguntarle dónde podía comprarlo: «¿Amazon, tu web, te hago un Bizum?». No se produjo una venta en aquella conversación.

Recuerda, yo solo quería saber el precio y dónde comprarlo. No quiero saber los motivos que te han llevado a ponerle 21 €. No me cuentes lo que no necesito saber.

Si te pregunto por el precio de tu producto o servicio, dímelo y cállate. Me has contestado a lo que te he preguntado. Lo estás haciendo correctamente. Espérate, el balón está en mi tejado. Ahora soy yo el que tiene que proseguir con la conversación. Tienes la venta cogida por el mango.

Si me dices el precio y casi sin respirar me explicas los motivos de por qué esa cantidad y no otra, yo oigo una de estas dos cosas (o las dos):

- Me estás vendiendo.
- Te estás justificando porque sabes que el precio está alto o que tu producto no lo merece.
- Si me dices el precio y te digo (o percibes) que me parece caro, me lo argumentas. Es el momento de luchar por la venta. Pero, si no te callas, no te lo puedo decir. Dime el precio y espera a que hable.

## 2. Cierre «darlo por hecho»

Se trata de resumir los beneficios de nuestro producto/servicio para acabar con una pregunta de cierre muy directa del tipo: «¿Se lo queda?», «¿Firmamos?», «¿Te hago el envío a la dirección habitual?», «¿Te lo preparo para que salga el lunes?».

Siendo el cierre más sencillo que existe, el que un vendedor no sea capaz de ejecutarlo querrá decir que, seguramente, tiene dificultades con los cierres de las reuniones. Hay perfiles comerciales con dificultades para iniciar las reuniones y los hay que las empiezan genial, pero que les tiembla el pulso en el momento clave.

Si eres de los que les cuesta, un truco es que empieces el cierre de la reunión utilizando la frase «El siguiente paso es...». Es la frase puente que indica que ya se ha terminado la etapa de la argumentación de los beneficios de tu producto para iniciar la del cierre del acuerdo.

Al cliente le has gustado tanto tú como tu producto, pero no esperes que de repente te diga: «Te lo compro ya, dame dos». Él o ella aún sigue a la expectativa de cuál es el siguiente paso que hay que dar para poder comprarlo, y eso es faena tuya. Si te da vergüenza o miedo o reparo dar el salto al cierre, recuerda que tan solo se trata de explicarle al cliente cuál es el siguiente paso que debe dar para poder empezar a disfrutar de eso que tú tan bien le has vendido.

## 3. Cierre «ascendente»

Se basa en hacer una serie de preguntas a tu cliente cuyas respuestas sepas que serán afirmativas. No me parece una técnica fácil pero sí muy efectiva. Hago formaciones a empresarios, emprendedores y vendedores de diferentes edades y niveles de experiencia y suelen ser aquellas personas que han sido vendedores toda su vida las que veo que la aplican muy bien y casi sin ser conscientes.

Es una técnica que quizá sea temprana para realizar en una primera reunión, pero que viene muy bien cuando en la segunda visita o conexión *online* le prepararas un primer presupuesto.

Trata de encadenar tres o cuatro preguntas que tú sepas que va a contestar con un «Sí» o «Cierto». Pero lo importante es que lo verbalice y se oiga a sí mismo decir que está de acuerdo con lo que le estás preguntando. Un asentimiento de cabeza no vale y en caso de hacerlo, le preguntas, «¿Cierto?». Ante eso, lo lógico es que conteste con «Sí», «Así es» o repitiendo tu propio «Cierto».

Son preguntas que deben hacerse en forma de embudo desde lo más general de lo que le estás proponiendo hasta lo más decisorio y que es el cierre del acuerdo. Esta técnica sirve, además, como resumen de todo lo que se ha ido hablando y ayuda a entender si las expectativas son las adecuadas o si estáis desalineados en algo.

Podrías empezar con algo como, por ejemplo: «Tenemos claro que, de entre nuestras diferentes familias de producto, la que se adapta a vuestras necesidades en la X, ¿cierto?».

Seguir con: «¿Vuestro objetivo sigue siendo el incrementar en al menos un 10 % las cuentas de clientes de tipología *millennial*?».

Continuar con: «La semana pasada me dijiste que nuestro producto Y tiene un diseño y unas funcionalidades que os hacen pensar que es el ideal para captarles la atención, ¿es así?».

Llevamos ya tres síes, por lo que debemos ir cerrando. Una opción podría ser: «En el presupuesto que te traigo, he conseguido llegar a un precio que está en la horquilla presupuestaria de la que hablamos, y tenemos además *stock* disponible. ¿Ponemos en marcha el pedido?».

La técnica ya está ejecutada. Una vez te ha confirmado verbalmente hasta tres veces conceptos de la venta con los que está de acuerdo, y se ha oído a sí mismo, ¿por qué iba a decirte que no a esta cuarta pregunta? No tendría sentido ni para él mismo.

No es una técnica fácil, insisto, porque debes hacer varias preguntas seguidas, coherentes y afirmativas. No sirve para todos los cierres, pero, cuando veas la opción, úsala porque es muy efectiva.

4. Cierre «de la escasez»

Francamente, yo ante esta técnica, como comprador siempre caigo. Es un clásico, si bien es cierto que a mí no es de las que más me gustan. La he usado entre poco y nada en mi carrera profesional porque no me siento cómodo con ella. Ha existido toda la vida y lo más habitual era verla asociada a «quedan pocas unidades», «hasta fin de *stock*», «se acaba la promoción», etc.

Yo soy de la opinión de usarla como técnica secundaria. Creo que nuestra labor es vender los productos transmitiéndoles el valor que se merecen, conectando emocionalmente con el cliente y, finalmente, negociando si es que es necesario. Si con eso no es suficiente y, por tanto, se están vendiendo menos unidades de las esperadas, activar esta técnica de cierre puede ser útil.

Tal y como escribo estas líneas me ha venido a la mente que este año sí he usado esta técnica una vez.

Organicé varias formaciones de venta en abierto y en una de ellas me estaba costando que se inscribieran el número de personas que consideraba óptimo. Siendo que el objetivo de esa formación no era el de obtener grandes beneficios, sino que me vieran en acción directores comerciales y gerentes para contratarme posteriormente para sus empresas, decidí que los que se inscribieran podrían traer a un acompañante gratis.

En estos últimos años se ha puesto de moda hacer el cierre de la escasez a la inversa: consigues el mejor precio posible si adquieres el producto o servicio en, por ejemplo, los primeros quince días de su lanzamiento. En esta campaña se te avisa claramente que, a partir de un día concreto, el precio subirá. Y si te esperas aún más, volverá a subir nuevamente. De este modo, premias a los más valientes y fieles mientras que a la vez te aseguras de recibir rápidamente unos ingresos que cubran los costes. Reciben el nombre de campañas de *early birds*.

Pero, ojo, la técnica del cierre de la escasez no está asociada solo a promociones o descuentos. Cuando un fabricante de coches te dice que ese vehículo es una edición limitada y lo muestra claramente con una insignia en su carrocería para que todo el mundo lo reconozca como tal, está aplicando esa técnica. Pero en este caso me gusta más porque está dirigida a conectar emocionalmente con el cliente.

Esta técnica se puede usar también para expresar que el momento de comprar es ahora, que se trata de una oportunidad única y que es un tren que no puedes dejar escapar. Por ponerte un ejemplo, un bróker de acciones te podría llamar por teléfono para decirte que una compañía farmacéutica va a sacar un medicamento al mercado que va a ser una revolución y que el momento de comprar un paquete de cien acciones es ese: si lo haces cuando ya esté en el mercado, comprarás mucho más caro y habrás perdido la oportunidad.

## 5. Cierre «alternativo»

También conocido como «el cierre de las dos opciones». Me reencontré con este cierre tan tradicional al vérselo emplear a un amigo cuando lo acompañé a una visita comercial, y me arrepentí de no haberlo usado más en mi pasado como vendedor de productos materiales.

Él vende e instala aparatos de aire acondicionado. Recuerdo que fuimos a la vivienda de una señora mayor y en la primera visita se encargó de conectar con ella, hacerle ver que dominaba la materia y tomar medidas de las dos ubicaciones idóneas para colocar el aparato.

Cuando a los pocos días volvió para presentar la propuesta, le ofertó dos modelos diferentes de dos reconocidas marcas. Los precios eran diferentes y, cuando la señora le preguntó por qué uno era más caro, mi colega decidió responder eligiendo solo un atributo de entre todos los que podría haber explicado: «Por la garantía». Uno tenía siete años y el otro cinco.

La señora se quedó satisfecha y mi colega no le abrumó ni agobió recitándole una a una las diferencias técnicas de algo que ella no domina. Si tras esa respuesta hubiera mostrado signos de necesitar saber más, él hubiera proseguido con la explicación de los demás atributos del aparato. Pero no fue necesario.

Nos dijo que tenía en mente pedir dos presupuestos más, pero que ya lo tenía claro, que elegía el aparato de los siete años de garantía. ¿Sabes por qué? Una vez el vendedor ha conectado con ella, le ha demostrado que sabe de la materia y, encima, ha evidenciado honestidad y transparencia ovreciéndole dos opciones distintas, ¿para qué va a perder el tiempo buscando a otro proveedor, haciéndole ir a casa y esperar un nuevo presupuesto?

El cierre de las dos opciones, bien hecho, «acorrala» al comprador y le hace ver que no es necesario pedir otros presupuestos.

### 6. Cierre «pros y contras»

Va bien con clientes que son altamente indecisos ya no solo para decidirse entre tú o tu competencia, sino incluso para elegir entre las dos opciones que le hayas ofrecido. Poniendo este segundo caso como ejemplo, hay operaciones en las que no puedes invertir más tiempo con un cliente que no acaba de decidirse a pesar de las diferentes reuniones, llamadas e *e-mails* que ha habido entre vosotros.

Como hemos explicado con anterioridad, conectar con tu cliente es la clave para que te elija a ti y no a otro que tiene casi tus mismos productos a precios casi idénticos. Para los clientes a los que les cuesta tomar la decisión final, mostrar paciencia y no presionarlos es clave para tener éxito. Si sabes que para vender tu producto necesitas una reunión, un *e-mail* y, como máximo, una llamada de seguimiento, con estos clientes necesitarás alguna gestión más y tiempos más largos. Por el contrario, si dispones de esta capacidad de adaptación y le vendes, verás que son los clientes fieles por naturaleza porque cambiar de proveedor es un sufrimiento para ellos.

A estos clientes les gusta sentirse acompañados en su toma de decisiones y esta técnica va muy bien para eso. Estando reunido con él o ella, coge un papel y haz una columna de pros y otra de contras. De la toma de decisiones que se debe realizar, ves escribiendo tanto lo positivo como lo negativo de cualquier de las opciones. Pero lo importante es que sea el cliente quien verbalice lo que más y menos le gusta de aquello que tenéis que decidir y que tú te encargues tan solo de tomar las notas. Tú debes facilitar la conversación necesaria para que sea el cliente quien, al escucharse a sí mismo, tome conciencia de cuál de las opciones le interesa más. La gente se convence a sí mismo, lo que necesita es que las ayudemos a organizar sus ideas para poder hacerlo.

Una vez terminada la hoja de pros y contras, pueden ocurrir dos cosas y ambas son positivas: que tome la decisión en ese momento o que percibas que aún lo deba madurar un poco más y que le dejes la hoja allí mismo en su mesa para que le pegue una última pensada con calma. Mientras tiene esa hoja en su escritorio, se acuerda de ti y de lo que le has ayudado a tomar la elección. Cuanto más se acuerde de ti, menos pensará en otros posibles proveedores. A precios similares, elegimos a aquellos que nos ayudan y que nos dan motivos para ser recordados.

## 7. Cierre «pruébalo (o visualízalo o imagínalo)»

La versión fácil de esta técnica se da cuando puedes dejarle con facilidad una muestra de aquello que vendes a tu cliente para que lo pruebe. Si has conectado con tu cliente, sabes emplear técnicas de cierre y negociación y, además, le dejas que lo pruebe, el pedido es tuyo. Pero si le animas a que lo pruebe sin haberte ganado antes la autoridad como vendedor y sin conectar emocionalmente con tu cliente, le estás abriendo la puerta a que se dé cuenta de que sí necesita ese producto, pero que lo busque en otro proveedor. Le estás haciendo un favor a tu competencia.

Esta técnica es un poco más compleja cuando no existe la opción de probar con antelación. Y aún más cuando es un intangible o está hecho a medida. En estos casos vas a tener que conseguir que el cliente se imagine lo placentero que será disfrutar del resultado de aquello que está por llegarle. O que se visualice a sí mismo disfrutando de usar aquello que le ofreces.

Esta técnica es muy potente porque raramente compramos algo cuyo uso y resultado no hemos visualizado con anterioridad de modo que nuestro propósito como vendedores es lograr que, una vez visualizado, al cliente le sea muy difícil reprimirse a comprarlo.

Frases del tipo: «Imagínate cuando llegues a casa y tu familia salte de alegría al saber que lo has comprado», «Piensa en lo que te dirán cuando te vean llevarlo puesto», «Gracias a este servicio, empezarás a disfrutar de más tiempo para ti».

Todo está por venir, pero merece la pena. Este es el mensaje que estás dando.

## 8. Cierre «desesperado»

Para este cierre hay que tener mucha habilidad con el tono escogido y cierta gracia. Suele emplearse con ese potencial comprador con el que lo has intentado de todas las maneras posibles y no has encontrado la forma de venderle. El producto le encaja, la relación entre los dos es buena, pero siempre hay algún «pero» y no acabas de cerrar ningún acuerdo.

Si manejas correctamente el humor, puedes decirle «Mi pareja ha dicho que hoy no vuelva a casa sin un pedido» o «He intentado venderte de más formas que posiciones hay en el *Kama-sutra*». Volviendo seguidamente a la seriedad con una frase como podría ser esta: «Ahora ya en serio, entiendo que trabajas con un proveedor que te sirve muy bien desde hace años. Los conozco y sé que son buenos. No te estoy pidiendo que dejes de comprarle a él para comprarme todo a mí de un día para otro, no tendría sentido. Pero sí sé que, si empezamos con algo pequeño, no tienes nada que perder y en cambio te voy a sorprender por los beneficios que vais a percibir».

Hago una parada con el tema del humor. Este es un gran aliado que tiene la capacidad de romper el hielo en los inicios de las reuniones y destensar situaciones que están derivando en un conflicto. Pero solo si sabes usarlo. Hay personas que parece que han nacido con el humor incorporado: esa capacidad de decir siempre el chascarrillo adecuado en el momento oportuno. Todo lo que dicen gusta y provoca una sonrisa o mueca. Así que, si tienes esa habilidad, úsala como vendedor, eres un afortunado, no te la dejes solo para tus amigos y familia.

Pero, si no la tienes, no la uses, por favor. Un humor mal empleado rompe el ritmo de cualquier reunión de ventas y puede producir una desconexión importante con el cliente. Desde luego, con una metedura de pata a través de una gracia que no venía a cuento lograrás dejar huella y siempre te recordarán, pero no te permitirán que los visites más.

Con la sonrisa ocurre algo similar. Hay personas que suelen disponer de forma natural una sonrisa que favorece los inicios conversacionales y que tiende puentes ante personas que no se conocen. Una sonrisa sincera produce sensación de confianza y genera acercamiento. Así que, los que disponéis de ella, enhorabuena, no dejéis de usarla. Si, por el contrario, no te sale de manera natural y tienes que forzarla, mejor no lo intentes.

No hay nada mejor en una venta como ser uno mismo. Si tu talante es más serio, mejor mostrarte natural que forzar una sonrisa que no tienes. El cliente no va a analizar qué tipo de sonrisa tienes y si la estás forzando. Se trata de algo más subliminal. No va a saber muy bien por qué, nota algo extraño, forzado. Y eso le genera desconfianza. A los clientes no les gusta embarcarse en una nueva aventura con un proveedor que parece un poco raro, para eso ya se quedan con el que tiene.

Así que, ya lo sabes: es algo tan sencillo como que una sonrisa genera confianza si es natural, o rechazo si es forzada.

### Cómo negociar sin morir en el intento

*Negociar es darle al otro lo que quiere con tus condiciones, así que lo primero que debes tener claro es cuáles son esas condiciones para ti.*

Negociar bien es tan complejo que muchas veces ni los mismos compradores quieren entrar en eso. Posiblemente, un jefe de compras profesional o un gerente con habilidades de negociación sí sabe lo que se hace. Pero la gran mayoría de los compradores piensan que, como sean ellos los que abran el balón de la negociación, a lo mejor aún acaban perdiendo. Y es porque no dominan la técnica.

Negociar es darle al otro lo que quiere con tus condiciones, así que lo primero que debes tener claro es cuáles son esas

APRENDE A VENDERTE: EL PRODUCTO ERES TÚ

condiciones para ti. En un proceso de venta, existen muchos componentes vinculados con tu producto y tu modelo de negocio que van más allá del precio, como, por ejemplo: forma de pago, tipo de transporte, tipo y tiempo de garantía, calidades, tipo de *packaging*, plazos de entrega, personalizaciones en el material, venta directa o a través de un tercero, etc.

Sí, muy posiblemente tu cliente vaya directo a hablar de que, si bajas el precio, él te hace el pedido. Pero tu obligación como vendedor es recordarle que hay otros componentes que hay que tener en cuenta y que, además, serán lo que usarás para proteger el precio.

Por ponerte un ejemplo, el cliente te puede decir que es necesario que bajes un 10 % tu precio para llegar a un acuerdo. Y tú le dices que no, que tratándose de una empresa tan importante como ellos, no te has andado con rodeos y has ofertado el mejor precio posible desde el minuto uno porque te hace mucha ilusión iniciar esta colaboración. Y te callas. Aún no es el momento de añadir nada más. Aún no le digas que puedes mejorarle el precio del envío del material (tu as en la manga). Nos puede el ansia de cerrar la operación o el miedo a que nuestro «no» a su petición nos cierre las puertas.

Si hemos conectado con nuestro cliente correctamente y al argumentar nuestro producto hemos conseguido que se visualice usándolo, la operación está casi totalmente cerrada. Lo único que nos falta dominar es saber cuándo callarnos y tener la valentía de hacerlo.

Así que, una vez te pide una rebaja de precio y tú le explicas el motivo por el cual es imposible cumplir con esa petición, cállate y deja que tu comprador exprese su opinión al respecto. En más de una ocasión verás que tu comprador te dirá que te entiende y que en esta ocasión te hace el pedido, pero que, por favor, intentes ajustarte más para futuras ocasiones. Fíjate en esta última frase porque es cierto. No solo te acepta el pedido a pesar de no bajarle el precio, sino que ya te está adelantando que te va a volver a comprar.

Hay que ser muy bueno para conseguir esto. Dicho de otro modo, hay que saber vender, argumentar y cerrar.

Ahora vamos a ver el otro posible escenario. Después de explicarle los motivos por los que no te es viable mejorar tu precio, y callarte justo después, el cliente te insiste en que la operación en inviable y que no te puede firmar la propuesta. Ahora es el momento de llegar a un acuerdo, pero usando tus condiciones. Y esa condición es que tú quieres hacer un esfuerzo para llegar a un entendimiento que beneficie a tu cliente y le haga ser mejor rebajándole en un 50 % los gastos de envío del material en cuestión. Le estás dando lo que él quiere, una mejora de precio, pero allí donde a ti te interesa.

Me podrías decir que, en ese caso, lo que no pierdo protegiendo el precio del producto lo pierdo rebajando el precio del transporte. Sí y no. Mi negocio gira en torno a las ventas del producto. Mi éxito o fracaso es consecuencia directa de los beneficios que obtenga de cada unidad vendida y no de cada material enviado. El envío de material es el corazón del negocio del transportista al que contrato, no del mío.

Si cedo a la exigencia del cliente de bajar mi precio, pierdo un beneficio que afecta de forma directa a mi cuenta de resultados. Además, volver a subírselo me va a ser muy complicado, me he pegado un tiro yo solo en el pie. Si, por el contrario, le hago una rebaja en mi precio del envío de material, es posible que deje de obtener esa ganancia residual de la que disfrutaba, pero tampoco pierdo dinero.

Y, lo más importante, es un concepto con una influencia muy inferior en mi cuenta de resultados y en donde aún me queda mucho margen de maniobra. Podría contactar con la agencia de transportes y, debido a que, si cierro esta operación, los envíos van a duplicarse, negociar con ellos una tarifa más económica. También podría hacer un estudio de transportistas más económicos y cambiar de proveedor o, incluso, en lugar de mirar de puertas para afuera hacerlo hacia adentro: quizá no es cuestión del transportista, sino de optimizar nuestro *stock* y rediseñar las rutas de entrega.

Ante este escenario, también podrías haber empleado un opción híbrida entre el regateo y la negociación. Ya sabes que regateando le habrías hecho una rebaja en el precio para oír el «Sí, quiero» del cliente y conseguir una victoria fácil aunque perjudicial en lo económico. Con la negociación, proteges tu precio empleando otro componente de tu modelo de negocio que puedas ofrecerle.

Y la opción intermedia podría haber sido aceptar una rebaja de precio, pero a cambio de que el cliente acepte una contraexigencia por tu parte. Por ponerte un ejemplo, podrías bajar un poco el precio siempre que acepte una única entrega de material al mes. Esto te permite una eficiencia en el proceso logístico que hace que lo que pierdes en cada unidad vendida lo compenses ahorrando costes en tus procesos internos.

En este caso, el vendedor es el primero en presentar la propuesta y el comprador muestra su disconformidad con el precio. Con esta premisa, quizá te ronde por la cabeza que un buen negociador debería haber intentado averiguar cuánto está dispuesta a pagar el comprador antes de presentar la propuesta. De este modo, el vendedor va sobre seguro, pero es un error, porque lo único seguro que ha conseguido es dejarle eso que vendes al precio que le viene bien al cliente y no a ti. Recuerda que negociar es darle al otro lo que quiere con tus condiciones. Poner en tu propuesta el precio que él o ella te ha dicho que pongas ni es vender ni es negociar. Otra cosa distinta es que quieras averiguar de qué presupuesto dispone tu cliente para comprender si vale o no la pena presupuestarle. Podría ser que no tuviera dinero ni para comprarte a ti ni a tu competencia. Pero mi deseo en este párrafo es transmitirte que, si confías en tu producto, conoces tu mercado y sabes negociar, lo lógico es que golpees tú primero marcando el precio de salida de la negociación, ya que el que golpea primero golpea dos veces.

Lo que no debes hacer es negociar argumentando los beneficios, características y funcionalidades de tu producto. Esto es un claro error que muestra que no sabes negociar. Estás dando un paso atrás. Vuelves al pasado para decirle al cliente cosas que ya le has explicado y que el cliente recuerda. Negociar es todo lo contrario: se trata de avanzar y no de volver a explicar lo que hace tu producto.

Te lo digo de la siguiente forma: tu cliente insiste mucho en que sin una bajada de precio el acuerdo no es viable. Y tú, que te ves atrapado y que no te sientes cómodo negociando, le dices al cliente que debe entender que no es posible bajar más el precio porque se trata de un producto *premium*, que tiene cincuenta leds y que dispone de múltiples ajustes para que al usarlo ni notes que lo lleves.

Eso no es justo. En esta fase de cierre, el cliente ya no debe entender nada, sino que eres tú quien debe entenderle a él. De hecho, gracias a que sí ha entendido los beneficios de tu producto, habéis llegado a la fase de negociación, por lo que espera de ti algo distinto a lo que ya sabe para que lleguéis a un acuerdo. Recordarle con voz lastimera los beneficios que ya conoce del producto me parece que está más cerca del chantaje emocional que de una correcta negociación. Prefiero que, en todo caso, le digas que dispones de un modelo distinto que sí se ajusta a los precios que él quiere alcanzar. De este modo, respetas la inteligencia del cliente, el valor de tus productos y a ti mismo.

Debido a ejemplos como este es por lo que una negociación siempre hay que preparársela muy bien. No es lo mismo la actitud y la estrategia con la que vas a una reunión en la que el objetivo es vender que cuando sabes que vas a negociar. Lo creo hasta el punto de que soy de la opinión de que, si en una reunión tu cliente abre el melón de la negociación sin aviso previo, estás en tu derecho a decir que no has preparado esas cuestiones y que, en aras de buscar el mejor acuerdo posible para los dos, prefieres posponerla un par de días.

Así que, antes de negociar, te recomiendo que te prepares la reunión siguiendo los siguientes pasos:

## 1. Contexto

Pregúntate qué se negocia y qué roles ocupáis las dos personas que vais a negociar, o sea, tú y tu comprador. En una misma jornada laboral podrías haber intentado vender el mismo producto a través de tres negociaciones totalmente distintas según tuvieras en frente a un gerente, un jefe de compras o un inversor. Si no tienes claro qué rol ocupa la persona con la que te reúnes y si tiene poder de decisión, vas mal.

De entre esos tres perfiles, ¿a quién crees que es más difícil venderle? Te voy a dar mi opinión: la respuesta es que es mucho más difícil venderle a un mando intermedio. Por mando intermedio me refiero a jefes de compras, responsables comerciales, directores de administración, etc. Lo que tiene de difícil una gerencia suele ser contactar con él/ella y captar su atención para que te haga un hueco en la agenda. Pero, una vez conseguido esto, venderle y negociar es mucho más fácil.

¿Por qué? Vender es saber conversar con la persona que tienes delante para entender cómo puedes ayudarle. Vender trata de hacer crecer el negocio de tus clientes, y el gerente piensa todos los días en cómo hacer crecer su negocio. Tienes que hacerle ver que los dos tenéis el mismo objetivo. La gran responsabilidad de un gerente es trabajar cada día por la supervivencia de la empresa (pagar a empleados y proveedores) y prosperar (crecer y ser mejor que la competencia).

¿Y qué pasa con los mandos intermedios? Es mucho más difícil averiguar sus motivaciones de compra porque es su mente hay varios escenarios posibles que se entremezclan:

- Quieren hacer crecer la empresa (pero no les va la vida en ello como al gerente).
- Muchas decisiones las toman pensando en qué le gustará más a su gerente (cuando hay veces que tú al gerente ni lo conoces).
- Mientras tú les hablas, están pensando en cómo venderle internamente tu producto/servicio al gerente (para que le dé la aprobación).
- Puede que tú, tu producto o tu servicio le encante (pero no te dice que no te lo compra porque piensa que su equipo no va a querer usarlo).

Solo de escribirlo me entran los sudores.

Todo dependerá de tu modelo de negocio, pero te aconsejo que inviertas tiempo en contactar con la gerencia y trabajarte el captarle la atención. Una vez conseguido esto, la venta y negociación la tendrás más cerca de lo que te crees.

## 2. Objetivo

Deberías escribirte en un folio diferentes opciones y casuísticas de qué es lo que quieres conseguir del comprador y qué crees que él o ella quieren obtener de ti. No te dejes nada al azar. En las fases de la venta y argumentación de tu producto aún hay bastante espacio para la improvisación, pero no en la de negociación. Opino que existen tres niveles de madurez que salen a la luz, principalmente, cuando estamos cerca del cierre de un pedido o contrato. ¿En cuál te encuentras tú?

1. **Nivel 1:** Solo nos preocupamos de nosotros mismos. Centramos toda nuestra atención en si nuestros productos son los que el cliente necesita y en explicárselos de la forma adecuada para que los comprenda y desee adquirirlos. Realizamos nuestra propuesta económica pensando en nuestros márgenes y los precios que el cliente creemos que está dispuesto a pagar.

2. **Nivel 2:** Dejamos de mirarnos tan solo nuestro ombligo. Queremos saber contra quién estamos compitiendo y hacemos un esfuerzo por averiguarlo. Cuando decidimos qué productos son los adecuados para el cliente y preparamos nuestra propuesta, tenemos también en consideración los criterios e intereses de nuestros rivales.

3. **Nivel 3:** Aquí vamos un paso más allá. Nuestra estrategia comercial para conseguir un cliente se cimentará en nuestras necesidades y fortalezas, tendremos en consideración lo que sabemos que probablemente nuestro competidor ofertará, pero, además, nos meteremos en su cabeza para cuestionarnos qué sabe de nosotros y qué cree que nosotros le estamos ofertando al cliente. Este nivel es exigente porque requiere de espacios de calma para realizar estas reflexiones, y puede ser muy útil conversarlo con compañeros del equipo comercial y con nuestro jefe, ya que de conversaciones de calidad surgen muchas veces ideas brillantes.

## 3. Límites

También debes tener muy claro cuál es tu límite inferior, como, por ejemplo, en qué no puedes ceder. Y, aunque te parezca un poco extraño, también deberías conocer tu límite superior, o sea, lo máximo que estás dispuesto a pedirle o exigirle a la otra parte. No soy de la opinión de que en una negociación no hay techo.

Si negociar bien no es fácil es porque tanto comprador como vendedor se encuentran en un momento de la reunión de ventas en la que los dos están de acuerdo en muchas cosas, pero aún siguen con algunas posturas demasiado alejadas. Es como si cada uno fuera en su coche por carreteras paralelas. Se ven, pero no se tocan. Negociar trata de ir acercando posiciones hasta que comprador y vendedor están lo suficientemente juntos como para compartir coche.

Siendo así, si no nos ponemos un límite superior y esto produce que nos vayamos muy por encima de las expectativas que tiene la otra persona, será difícil llegar a un acuerdo. Seremos dos coches demasiado distanciados y el esfuerzo para que se produzca el acercamiento será muy grande. Habrá mucho desgaste en la negociación. Es mejor, por tanto, empezar con peticiones realistas e ir haciendo movimientos de acercamiento y ajustes a poquitos.

## 4. Concesiones

Si negocias con regularidad, seguramente tienes bien memorizado y hasta automatizado qué componentes de tu modelo de negocio puedes ofrecer a cambio de proteger tu precio. Si no negocias con frecuencia, hazte un listado de aquello que puedes ofrecer por orden de prioridad y, en caso necesario, revísalo hasta cinco minutos antes de la reunión.

En párrafos anteriores hemos puesto como ejemplo que siempre mejor que bajar tus precios es ofrecer un descuento en los portes. Pero, sé creativo y piensa en tres o cuatro conceptos más en donde puedas permitirte una concesión. A lo mejor puedes proteger tu precio a la vez que le generas valor a tu cliente personalizando tu producto con su logo, empaquetándoselo en un *packaging* especial, enviándole ya ensamblado algo que mandas por separado y que el cliente está obligado a montar, etc.

Ojo con las concesiones iniciales. Yo no soy partidario de regalar nada de inicio. Existen teorías de negociación que hablan de que hacer una concesión nada más empezar la reunión es positivo porque la suaviza y tiende puentes. Yo no soy partidario. Opino que las personas no valoramos aquello que no hemos pedido. Si te regalo de inicio algo que no me has pedido, me darás las gracias y proseguiremos con la reunión como si nada hubiera ocurrido. Si me pides algo que necesitas y puedo dártelo, además de estar agradecido de verdad, te sentirás en deuda y se producirá un acercamiento real entre ambas partes. La probabilidad de éxito en la negociación se incrementa notablemente.

## 5. Peticiones

Otra lista diferente que debes hacer es la de aquello que, llegado el caso, puedes pedirle al comprador. Es lícito en una negociación que, si el cliente te exige algo, tú también puedes exigirle a él. Y, si no lo ves de este modo, es una creencia tuya personal que tendrás que enterrar. Si solo exige el cliente y tú le dices «sí» a todo sin pedir nada a cambio, en el mejor de los casos estás regateando, no negociando.

A veces el cliente no te exige una mejora en los precios, pero sí en los plazos de entrega o en la cantidad suministrada, o que añadas alguna función extra, etc.

Por poner un ejemplo, un cliente te puede decir que no te puede seguir haciendo pedidos a no ser que añadas una función extra que necesita en el producto que te compra. Resulta que ese añadido es muy fácil y sencillo para ti porque, cuando diseñaste el producto, fuiste previsor y sabías que esto podía ocurrir, por lo que ya lo dejaste preparado. Apenas tienes que hacer nada y el sobrecoste es casi inexistente. Eso te lleva a dos opciones:

- La que hacen los malos negociadores: decirle que, sin problema, que le añades la función y que, además, siendo un cliente de tanta relevancia, se lo haces gratis.
- La que hacen los buenos negociadores: decirle que sí que se lo haces, pero le pides algo a cambio. Si el cliente te exige y tú respondes, es lícito que tú también le pidas a él. Eso sí, debe ser una exigencia a un nivel acorde a la que ha tenido él contigo. Podrías decirle que haces el esfuerzo de añadir sin coste esta funcionalidad extra, pero que a cambio necesitas mejorar la forma de pago. Las personas somos de naturaleza agradecida, si percibo que me escuchas y me ayudas, mi predisposición a ayudarte a ti también será mal alta.

APRENDE A VENDERTE: EL PRODUCTO ERES TÚ

# CAPÍTULO XVII

# Neurociencia: cómo nuestro cerebro toma las decisiones de compra

## TENEMOS TRES CEREBROS, PERO UNO SALE PERDIENDO

*Vender consiste en despertar al animal dormido en el interior de tu cliente.*

Explicándolo de una forma sencilla y útil, nosotros, los *Homo sapiens*, tenemos tres cerebros: el reptiliano, el límbico y el racional. Siempre que tomamos una decisión de compra se produce entre ellos una conversación, y dicen los estudios que uno de ellos suele salir perdiendo. ¿Cuál crees que es? Te voy a ir dando pistas.

Nuestro cerebro reptiliano es el más pequeñito de los tres y lleva con nosotros desde nuestro origen, cuando salíamos de las cavernas por necesidades de supervivencia y no para ver el tiempo y decidir si esa mañana hacíamos o no un poquito de *running*. Su nombre dice mucho de sus funciones. Está relacionado con los instintos más animales de la persona, como puede ser la gestión del hambre o la sed, la lucha, el miedo o la huida. Este cerebro nos hace entrar en acción para convertirnos en los más fuertes y que nadie de nuestra manada pretenda atacarnos. Desea estatus, ser atractivo, diferente y llamar la atención para atraer a parejas con las que reproducirnos y perpetuarnos o por aplacar el deseo sexual.

Nuestras células y órganos siguieron evolucionando con el paso de miles de años hasta crear nuestro cerebro límbico, cualidad que nos diferencia como mamíferos. Este cerebro es el de las emociones y reconoce no solo en nosotros, sino también en las personas que nos rodean, si nos encontramos alegres, enfadados, tristes, con miedo, asco o sorprendidos. Este cerebro es, por tanto, quien define si nuestras experiencias están siendo o no placenteras.

Y finalmente tenemos nuestro neocórtex o cerebro racional. Es nuestro cerebro más joven y el que más ha influido en la creación de este mundo moderno en el que vivimos. Lo relacionamos con la inteligencia. Contiene el lenguaje, las operaciones matemáticas, la planificación, la anticipación, la creatividad, la capacidad de abstracción, el análisis crítico, etc. Con este cerebro somos capaces de volver al pasado para recordar lo sucedido (y angustiarnos) y visualizar lo que puede suceder en el futuro (y ansiarnos). Gracias a él hemos construido instituciones religiosas y sistemas financieros basados en la confianza ciega, creencias y cuestiones de fe.

Y, como decían en el famoso programa *Un, dos, tres... responda otra vez*, «Hasta aquí puedo leer». Ahora te pregunto nuevamente: ¿cuál de los tres cerebros crees que sale perdiendo cuando se produce una toma de decisiones de compra? Recuerda que los tres van a participar en la conversación interna de si compran el producto A, el producto B o si la mejor opción es no comprar ninguno.

APRENDE A VENDERTE: EL PRODUCTO ERES TÚ

Te voy a dar alguna pista más: El cerebro reptiliano lleva con nosotros unos cuatro millones de años y nos ha traído hasta el presente; el cerebro límbico está muy vinculado con la experiencia de compra del cliente, y el cerebro racional es el más grande de todos, tiene la capacidad de hacer comparativas analíticas entre diferentes productos, pero, según estudios, solo somos capaces de emplear un veinte por ciento de su capacidad. ¿Qué opinas ahora? ¿Cuál de los tres cerebros sale, casi siempre, perdiendo?

Sé que no es fácil. Lo veo en mis formaciones. Tal y como voy avanzando en la explicación de los tres cerebros, personas que opinaban que perdía un cerebro, cambian de idea y dicen lo hará otro. Así que te añado la última y definitiva pista: las decisiones se toman desde dentro hacia afuera del cerebro. Es decir: empiezan por el cerebro reptiliano para pasar al límbico y acabar en el neocórtex o racional. Elige tu respuesta porque aquí acaba el ejercicio.

La neurociencia es un campo del que se dice que aún queda mucho por comprender, pero investigaciones recientes muestran que en entre el 90 % y el 95 % de nuestras decisiones de compra se toman de una forma inconsciente e irracional. El cerebro que suele perder es el racional, aunque algunos de nosotros nos las demos de listos. En otras palabras: el precio es lo que menos nos influye en nuestras decisiones de compra por mucho que los vendedores siempre digamos que nuestros clientes es lo único que buscan. O quizá solo se fijan en tu precio porque es de lo único que hablas en tus reuniones.

Y esto te lo explico con un ejemplo que es una técnica encubierta de persuasión. Estarás de acuerdo conmigo en que los medios de comunicación no nos obligan a tomar partido o a tener una opinión determinada en relación con los acontecimientos que publican. Serán nuestras ideologías y creencias las que hagan que juzguemos de una forma u otra lo sucedido. Pero sí que nos obligan a hablar con nuestros amigos y familiares de aquellos temas que ellos eligen comunicar. Con las reuniones de venta ocurre lo mismo. Ojo con los temas que eliges sacar en la conversación con tu cliente.

Que el cerebro reptiliano sea la puerta de entrada de las decisiones más importantes tiene su lógica, ¿no crees? Por muy pequeño que sea y aunque gestione esas necesidades más «brutas» que nos avergüenza reconocer, es el que más conocemos y dominamos. Lleva junto a nosotros desde los inicios de nuestra existencia. Y, si bien es cierto que es el racional el que nos convierte en unos seres superiores al del reino animal, se trata de un «juguete» que empezamos a explorar hace solo doscientos mil años. Apenas nos hemos acostumbrado a él si lo comparamos con el uso de varios millones de años que le estamos dando al reptiliano. Podría decirse, con relación al racional, que aún nos estamos conociendo.

## EL LENGUAJE REPTILIANO

*Idiomas como el inglés nos sirven para viajar,*
*sociabilizar y hacer negocios,*
*pero, si quieres vender, tienes que*
*aprender el lenguaje reptiliano.*

Queda claro que la mayoría de las decisiones de compra se toman desde el cerebro reptiliano. Es al que hay que llamarle la atención si queremos que se nos abran las opciones de realizar una venta. En esas reuniones en las que tu cliente muestra claros signos de aburrimiento y que como máximo emite sonidos del tipo «Haaah», «Mmm», «Ejem», está ocurriendo que eso que le cuentas no está captando la atención del reptiliano y, por tanto, la conversación interna de toma de decisiones de compra ni ha arrancado ni arrancará.

Dicho de otro modo: no serás capaz de iniciar una venta hasta que no consigas conectar con el cerebro más animal de la persona a la que quieres persuadir. Es este cerebro el que, una vez decide que lo que le cuentas es interesante, va a avisar al cerebro límbico diciéndole: «Eh, despierta, que esto parece que vale la pena. Presta atención a qué nos está diciendo este vendedor y cómo nos lo está contando y dime qué sensaciones te produce». Tal y como leías hace unos instantes, el cerebro límbico está muy vinculado con la experiencia de compra, y decide si esta está siendo placentera y confiable, o todo lo contrario. Va a ser, por tanto, juez y parte de la decisión de si se compra o no.

Así que, si al explicarme los beneficios que tiene tu producto o servicio logras captar la atención de mi cerebro reptiliano y, además, consigues conectar con mi cerebro límbico y gustarme, ya lo tienes hecho. Se produce ese dos contra uno que hace que casi nunca gane mi cerebro racional en la toma de decisiones. Ojo, no nos engañemos: este cerebro siempre va a ser partícipe en la conversación interna y por eso nos pide datos como, principalmente, el precio. Y no solo eso: en más de una ocasión, nos va a obligar a ver más alternativas y pedir más presupuestos. Él quiere ser protagonista y recuerda que su punto fuerte es el análisis y la comparativa. Pero, insisto: si le has hecho ver a mi reptiliano que gracias a lo que vendes voy a ser mejor empresario, conseguir más clientes, adelantar a la competencia, ganar más dinero, ahorrar, tener más poder de atracción, etc., y te has hecho colega de mi cerebro emocional, el racional está acorralado.

Vuelvo a hablarte de cuando contraté los servicios de una agencia de *marketing* a la que he llamado de forma ficticia Publicity. El día que me reuní con su CEO para hablarle de lo que necesitaba, enchufé mi cerebro racional para explicarle, usando palabras «marketinianas» que me van justitas, que quería ganar en visibilidad y generar reputación de marca. Ya no recuerdo si me vine lo suficiente arriba como para soltarle el término de *branding*. Ah, y también le dije que acudía a él porque es el mejor en esto.

Pero eso es la versión del ego, la de hacer que sabemos de lo que hablamos tapando unas vergüenzas que nadie ve en nosotros, pero que creemos que las tenemos. Queremos pedirle un presupuesto a un proveedor porque estamos necesitados de algo, pero a la vez queremos ir de sobrados, como si no necesitáramos a nadie. Como si al contratarle casi que le estuviéramos haciendo un favor al proveedor, cuando es justo lo contrario. Hay que ver lo difícil que lo hacemos cuando nos empeñamos en usar solo nuestro cerebro racional. Nuestro cerebro reptiliano no gasta energías en esas tonterías, se las guarda para los momentos importantes de verdad.

De hecho, si me hubiera acercado a Rafa expresando lo que realmente hay en mi cerebro reptiliano, le habría dicho:

> Rafa, estoy preocupado y enfadado porque he tenido varias reuniones en donde he conectado muy bien con mi potencial cliente y no me han contratado porque no me conocían, porque no me han visto «por ningún lado». Me fastidia porque soy bueno y no me creen. Quiero vengarme. Soy competitivo, me gusta hacer bien las cosas, soy orgulloso y no quiero que esto me vuelva a ocurrir.

Y no solo eso, deseo subir mi precio hora y me falta seguridad para hacerlo. Así que quiero dos cosas: conseguir más clientes y ganar más dinero en cada formación. Ah, y me da igual que seas el mejor en esto, lo que yo necesito es que la gente vea que soy el mejor.

¿Quién os parece más eficiente, el cerebro racional o el reptiliano? Aprendamos el lenguaje del cerebro reptiliano y convertiremos nuestras conversaciones en ventas.

Llegados a este punto, ¿a qué cerebro me estoy dirigiendo cuando le argumento a mi cliente los motivos por los que debería comprar mi producto hablando tan solo de su precio y características? Al racional, lo cual es un error porque nos conduce hacia dos dificultades para conseguir una venta.

La primera es que no captamos la atención del cliente porque no activamos su cerebro reptiliano. Este no entiende de características técnicas, no es el inteligente. Él solo se activará cuando entienda que eso que le cuentas le va a alejar de preocupaciones o le va a acercar a experiencias placenteras. Si este cliente ya usa eso que vendes y no le haces entender a su cerebro reptiliano por qué lo tuyo es mejor de lo que ya usa, no va a hacer el esfuerzo de cambiar una cosa por otra.

Te lo he dicho antes. Hace doscientos mil años, no salíamos de la caverna para dar un paseo y relajarnos. Salíamos solo si era necesario buscar cualquier cosa fundamental para nuestra supervivencia: alimento y objetos para protegernos de las condiciones ambientales. Es por esto por lo que, en términos generales, aún arrastramos en nuestra genética que no seamos proclives al cambio a no ser que entendamos que esa decisión y el esfuerzo que conlleve nos va a mejorar la existencia. Esto lo decide el reptiliano, así que no le hables en un idioma que no sea el suyo (las características). Hazte entender empleando los beneficios para él o ella de cada una de esas características que tiene tu producto y, ¡cuanto más sencillo sea el lenguaje que utilices, mejor! Si obligas al reptiliano a emplear energía en comprender algo que le sea difícil, se va a desentender.

La segunda dificultad es que, aunque en el mejor de los casos te preste algo de atención, sigues sin conectar con el cerebro reptiliano, así que solo será el racional quien, quizá, tome la decisión. ¿Y en qué va a basarse para elegirte? Pues en que seas un poco más barato o que tengas alguna característica o funcionalidad extra que no tengan otros. Esto es pan para hoy y hambre para mañana. Vender trata de serle útil al cerebro reptiliano, y fidelizar es una cuestión de gustarle al límbico. El cerebro racional te ayudará a negociar el cierre del acuerdo, pero nunca llegarás a esa parte de la reunión de ventas sin antes haber levantado con éxito las barreras que te pongan los otros dos cerebros.

## VOLVEMOS AL CASCO PARA CICLISTAS

*Recuerda que en una reunión de ventas no te debes gustar a ti mismo: debes gustarle al cliente.*

Vamos a verlo de una forma más tangible volviendo al ejercicio del casco para ciclistas.

Si quiero vender el casco poniendo en relieve que «está hecho con un policarbonato con una densidad de hasta 1,20 gr/cm³», vamos mal. Estoy dirigiéndome a mi potencial cliente con una característica que, en el mejor de los casos, solo va a ser interesante para mi cerebro racional.

Es por esto por lo que transformo la característica en el beneficio real para el cliente: «Dura hasta tres veces más que un casco de otro material y eso te produce un ahorro de 20 € al año».

Cuando el cliente lee u oye este beneficio, se activan en él dos de los tres cerebros. ¿Sabes cuáles son? La respuesta correcta son el reptiliano y el racional. Pero el aprendizaje viene ahora: ¿qué palabras activan al reptiliano y cuáles al racional?

La venta solo empieza cuando nuestro cliente lee la palabra ahorro. A tu cliente le daba igual que el casco estuviera fabricado con policarbonato o titanio hasta que el reptiliano ha entendido que eso le va a hacer ganar o ahorrar dinero. En ese momento el cliente ha decidido, si tiene que comprar un casco, que lleve ese material porque le produce algo que desea el reptiliano. Pero aún no sabe si será el tuyo. Para ello, el cerebro racional quiere participar de la toma de decisiones y quiere lo que a él le gusta: datos. Y se los das al decirle que «tres veces más». Pero ¿tres veces más es mucho o poco? No te preocupes, eso no le importa mucho al cerebro. Lo que quiere es un dato, una vez lo tiene, ya se cree que ha participado de la toma de decisiones.

Y sí, también podrías haber elegido la palabra dura como activador del cerebro reptiliano. A este cerebro no le gusta hacer el esfuerzo de adquirir algo, aprender a usarlo y convertirlo en hábito para que luego se rompa al poco tiempo.

De hecho, si tuvieras que venderle un producto o servicio al jefe de mantenimiento de una empresa o edificio, usaría sinónimos de durabilidad para activar el cerebro reptiliano de esa persona, ya que su misión es la de mantener, o sea, hacer que las cosas duren. Pero, si tuviera que vender esos mismos productos al jefe de ingeniería de esa misma empresa, emplearía términos como innovación o eficiencia, ya que su misión es la de implantar nuevos proyectos o sistemas que mejoren lo ya existente.

Vamos a acabar de entender cómo nuestro cerebro toma las decisiones de compra con otro ejemplo del mismo ejercicio.

La característica «luz LED trasera integrada» pasa totalmente desapercibida para los clientes, ya que hoy en día cualquier cosa lleva LEDS, son baratos. Para vender, recuérdale a tu cliente el beneficio de que tu casco lleve luces integradas y que sería «Cincuenta luces led para mejorar la visibilidad hasta un 100 % en la oscuridad o en condiciones de poca luz, reduciendo significativamente el riesgo de ser atropellado por un automóvil».

¿Cuándo se activa ahora el cerebro reptiliano? Cuando lee la palabra riesgo. Tomamos decisiones para huir o evitar riesgos. Ahí captas la atención del cliente y entiende la importancia de las luces. Pero, como también queremos persuadir al cerebro racional, le damos un poco de su comida favorita informándole de que incorpora cincuenta luces. Volvemos a lo mismo: ¿Cincuenta son muchas o pocas? Quizá son pocas y estamos hablando de un caso de gama baja en cuanto a luminosidad, pero eso ya es una cuestión secundaria, lo importante es hacerle partícipe de la toma de decisiones ofreciéndole datos. En este caso le damos ración doble al incluir el término 100 %. Fíjate en el truco, una vez dicho 100 %, sabemos que lo que va a ir detrás seguro que es bueno.

Si te es más fácil pensar en características que en beneficios, te aconsejo que uses una traductora. No te preocupes, que no conlleva un coste. Ni siquiera en un software. Como, profesionalmente hablando, yo nací hace dos décadas y en ese momento el producto era el rey, aprendí a vender a través de las características, por lo que, cada vez que ahora diseño un producto nuevo, me es más fácil crearlo listando las características de las que dispondrá para traducirlas después a los beneficios que conllevan. Si diseño mi producto pensando directamente en los beneficios, me quedo más bloqueado.

Coge un folio en blanco y traza una línea recta para crear dos columnas. La de la izquierda será la de las características y la de la derecha la de los beneficios. Elige uno de tus productos o servicios, piensa primero en sus características y descríbelas brevemente en su columna. Luego, para cada característica reflexiona sobre el beneficio que supone para el cliente y escríbelo justo a su derecha, en la columna correspondiente. De ese modo, para la característica n.º 1 tendrás asociado su beneficio para el cliente, para la característica n.º 2 también, y así sucesivamente.

Pero habrá alguna característica en la que te quedarás atascado y no serás capaz de traducirla en su beneficio. Seguramente será porque se trata de algo intrínseco al producto o servicio que vendes e importante para ti o tu empresa, pero que no ofrece un beneficio real para cliente. No pasa nada, lo importante es que esa característica no se la menciones. No le marees con datos que no te vayan a ayudar a vender. Las personas estamos saturadas de información y a los clientes les cuesta mantener la concentración. Mi consejo es que, cuando argumentes tu producto, menciones dos beneficios, máximo tres, y pares para generar una conversación con él y saber así qué opina sobre ellos. Como le recites todos los beneficios de golpe, vas a agobiarle e, igualmente, solo recordará los dos primeros y el último.

# CAPÍTULO XVIII

# ¿Y si mi cliente es muy racional?

*Si solo argumentas que tienes los precios más competitivos del mercado, no esperes que tus clientes valoren tus productos; pondrán la mirada en sus precios.*

Es cierto que las personas somos muy diferentes, entre otras cosas, porque las hay muy emocionales, pero también muy racionales. ¿Eso quiere decir que clientes que son muy racionales sí que van a estar muy influidos por el precio a la hora de tomar decisiones de compra?

Vamos a verlo con un ejemplo. Imagina un ingeniero experto en procesos de mejora continua y con una elevada capacidad analítica para gestionar cientos de datos fabriles de la empresa para la cual trabaja. Si la toma de decisiones sobre contratar un producto o servicio está relacionada con su puesto de trabajo, seguramente tomará la decisión de una forma más racional que reptiliana y sí que agradecerá que le detalles con minuciosidad las características de aquello que vendes.

¿Y qué pasa cuando esta misma persona tan racional ve un reloj de muñeca que le gusta para llevarlo en su día a día? Pues que sufre mucho. Para empezar, algo tiene ese reloj que le ha captado la atención al reptiliano, pero ¿qué puede ser?

Ahí está el quid de la cuestión. Debe de ser algo relevante, pues el cerebro racional ya le está enviando señales de que no tiene sentido comprar otro reloj cuando ya dispone de hasta tres y apenas gasta siempre el mismo.

Pero resulta que hace poco que ese ingeniero fue ascendido y es invitado con cierta frecuencia a los comités de dirección de la empresa. Le encanta asistir a estas reuniones y quiere ganarse la confianza de sus integrantes. Casi sin darse cuenta, ha pasado de vestir con camisa a casi no quitarse la americana de encima debido a que los miembros del comité visten así y quiere demostrar que puede integrarse a la perfección en esa tribu. De hecho, los jueves ya no come en la cantina, sino que sale a ese restaurante lujoso con los del comité: el estatus empieza a ser otro.

Así que él, que nunca ha sido mucho de relojes, de repente se vuelve loco por comprarse un cuarto reloj de, además, 250 €, o sea, tres veces más caro del que lleva ahora mismo. El racional le dice «No vale ese precio», pero el reptiliano le susurra «Con menos de eso no puedes ir a esas reuniones». La decisión ya está tomada desde la primera vez que vio el reloj, pero, siendo una persona muy racional, el cerebro neocórtex se lo va a poner un poco más difícil.

Nuestro ingeniero va a hacer una tabla Excel para comparar pros y contras de ese reloj con modelos similares. Va a agobiar a su pareja preguntándole continuamente si tiene sentido comprarse un reloj tan caro. Va a invertir muchas horas en internet para ver si puede encontrarlo más barato en diferentes webs. Va a calcular cuántas semanas, días, horas y minutos les faltan a las ofertas del Black Friday y va a programarse alarmas en diferentes *marketplaces* que le avisen de bajadas de precio. Y todo esto para acabar cumpliendo los deseos iniciales del reptiliano, que es comprarse ese reloj de 250 €. Yo no hubiera sufrido ni la mitad que esa persona porque soy mucho más reptiliano que racional y me hubiera dejado llevar por los primeros instintos.

¿Qué me podría pasar por tanto a mí? Pues pongamos por ejemplo que me gustan los coches marca Mazda. En esta vida he tenido dos modelos distintos y me encanta la sensación que me produce conducirlos. ¿Que te explique cómo es esa sensación? Pues no tengo ni idea de por dónde empezar porque, entre otras cosas, no entiendo nada de coches. Pero algo hay en un modelo de Mazda SUV que me atrae y sé que lo quiero. Nunca he probado uno de esos modelos en concreto, pero el reptiliano me dice que ese coche es para mí. En cambio, el racional me dice: «Una vez te metes en esos precios, cómprate un Mercedes». Claro, tiene su lógica. Al fin y al cabo, la misión del neocórtex es la de decir cosas coherentes. ¿Y por qué eso mismo no me lo dice el reptiliano, que es quien va a tomar la decisión en la mayoría de los casos?

Pues por una cuestión de juicios o creencias de las que casi no soy ni consciente. Me veo bajando de mi nuevo Mazda SUV y siendo visto y apreciado por aquellas personas a las que quiero llamar la atención y gustar. Me veo creando sentido de pertenencia a ese lugar en el que por algún motivo siento que debo estar. Dispongo dinero en mi cuenta para marcas que representan un estatus superior, pero por una cuestión del síndrome del impostor u otra que desconozco, el reptiliano me dice que mi persona encaja con ese Mazda.

Así pues, me voy al concesionario. Y, entre que estoy ya enamorado de mi Mazda incluso antes de probarlo (cerebro reptiliano), que el vendedor del concesionario me ha atendido increíblemente bien (cerebro límbico) y que yo soy muy emocional y poco racional, ya he tomado la decisión. Y ojo, no te hablo solo del coche, sino también en relación con el concesionario. Tiene que ser ese.

Pero, claro, hablamos de una inversión de cincuenta o sesenta mil euros y mi neocórtex entra en acción y me secuestra al decirme que hay que estar muy loco para comprar algo tan caro después de visitar solo un concesionario. Y sí, esa vez le doy la razón porque es mucho dinero. Pero cuando voy a un segundo concesionario, estoy deseando que me traten mal o que no tengan *stock*. Y resulta que me tratan bien, hay unidades y, además, es un poco más barato. Todo indica que la venta se la lleva el segundo concesionario siempre que uno sea racional. No es mi caso, ni el de la mayoría de nosotros: la decisión ya la tomó el reptiliano. Haber ido a un segundo concesionario solo se debe a que en una toma de decisiones siempre «conversan» entre sí los tres cerebros, pero ya sabemos que es el racional el que tiene las de perder.

¿Sabes qué es lo más curioso de todo esto que te acabo de explicar? Que cuando amigos, compañeros de trabajo o familiares me pregunten por qué me he comprado ese Mazda SUV, no les soltaré esas intimidades reptilianas que te acabas de leer. Esto solo lo sabréis los que habéis comprado el libro.

A ellos les explicaré que lo elegí porque, teniendo niños pequeños, ahora me interesa un coche alto. Que buscaba un maletero que superara los seiscientos cincuenta litros para no tener que colocar el baúl portaequipajes cada vez que viajamos y porque dispone de dos airbags más que modelos similares de otras marcas.

Sabes que es mentira, y que quien habla es mi cerebro racional, el cual está perfectamente diseñado para endulzar que seguimos siendo mucho más homínidos que *Homo sapiens* en lo que a la toma de decisiones se refiere. En ningún momento pensé en esas cuestiones cuando decidí que ese modelo de Mazda SUV estaba hecho para mí. Pero si, hoy en día, los mismísimos fabricantes apenas enseñan sus vehículos en sus anuncios comerciales. Ellos también lo saben. No nos van a persuadir hablándonos de las características de los coches. Nuestro cerebro racional no es su objetivo. Nos lanzan mensajes mucho más subliminales que apelan a nuestras necesidades más reptilianas.

# Epílogo

## TODO PRODUCTO TIENE UN PRECIO. ¿TÚ CUÁNTO VALES?

No te vuelvas loco intentando memorizar todas las características de tu producto o servicio: el producto eres tú.

No inviertas tanto tiempo en diseñar esa presentación digital que crees que te va a ayudar a vender: el producto eres tú.

Da igual que dispongas para ofertar un breve porfolio de productos o que tengas un almacén con cincuenta mil referencias: el producto eres tú.

¿Que vendes *commodities* con mucha competencia y fácilmente sustituibles? El producto eres tú.

¿Que vendes productos muy técnicos, complejos, exclusivos y con poca competencia? El producto eres tú.

Que no te dé miedo cambiar de empresa y ponerte a vender productos que nunca habías vendido: el producto eres tú.

Invierte tiempo en mejorar tus habilidades comerciales. Todos vendemos lo mismo a precios muy similares. La huella que dejamos en cada una de nuestras conversaciones con los clientes es ahora más importante que nunca.

No olvides esto: el cliente ya conoce tu producto, ha visto tus presentaciones, ha revisado tu competencia. Pero, al final, lo que hará que te elija será la conexión que logres crear, la confianza que generes, y la experiencia que brindes. Así que sigue creciendo y desarrollando tus habilidades porque el verdadero diferencial en un mercado saturado eres tú.

Y, si en algún momento necesitas un poco de orientación, recuerda que estaré aquí para acompañarte en tu viaje, ya sea a través de mis formaciones, mentorías, o simplemente compartiendo una conversación. Porque al final, el verdadero éxito no está en vender más, sino en construir relaciones que duren y prosperen.

**Brief**
Editorial